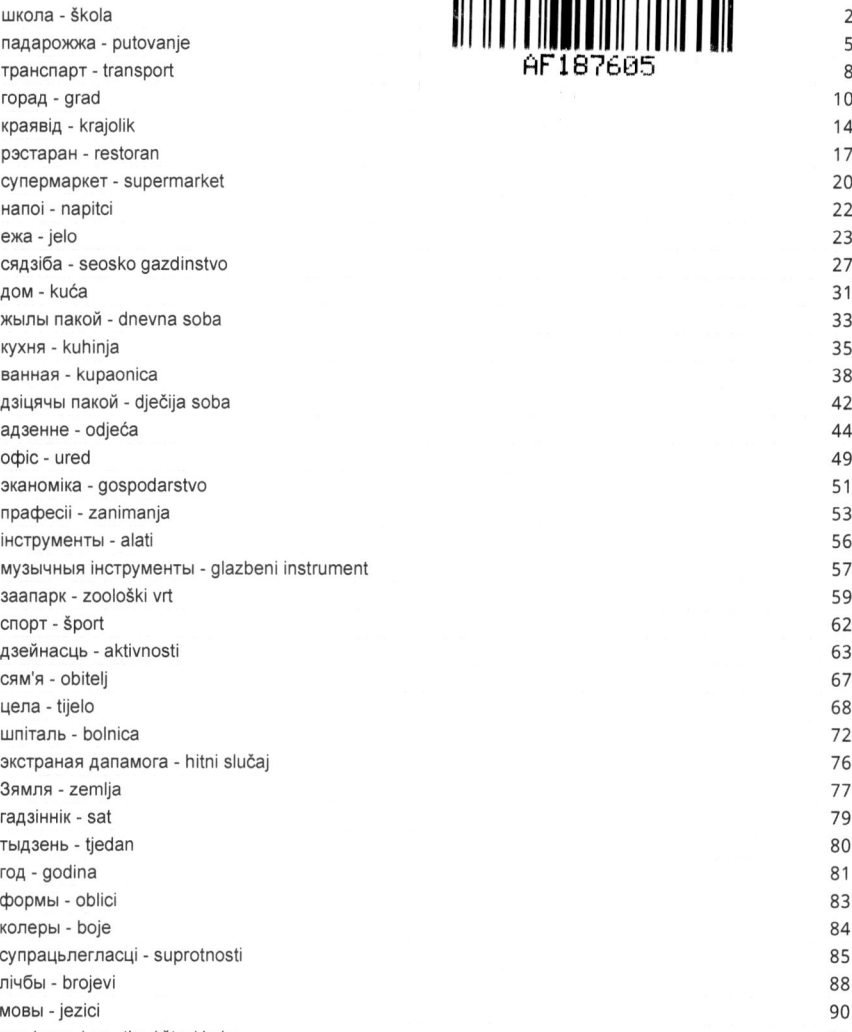

Impressum
Verlag: BABADADA GmbH, Nedderfeld 112 , 22529 Hamburg
Geschäftsführer / Verlagsleitung: Harald Hof
Druck: Books on Demand GmbH, In de Tarpen 42, 22848 Norderstedt

Imprint
Publisher: BABADADA GmbH, Nedderfeld 112 , 22529 Hamburg, Germany
Managing Director / Publishing direction: Harald Hof
Print: Books on Demand GmbH, In de Tarpen 42, 22848 Norderstedt, Germany

школа
škola

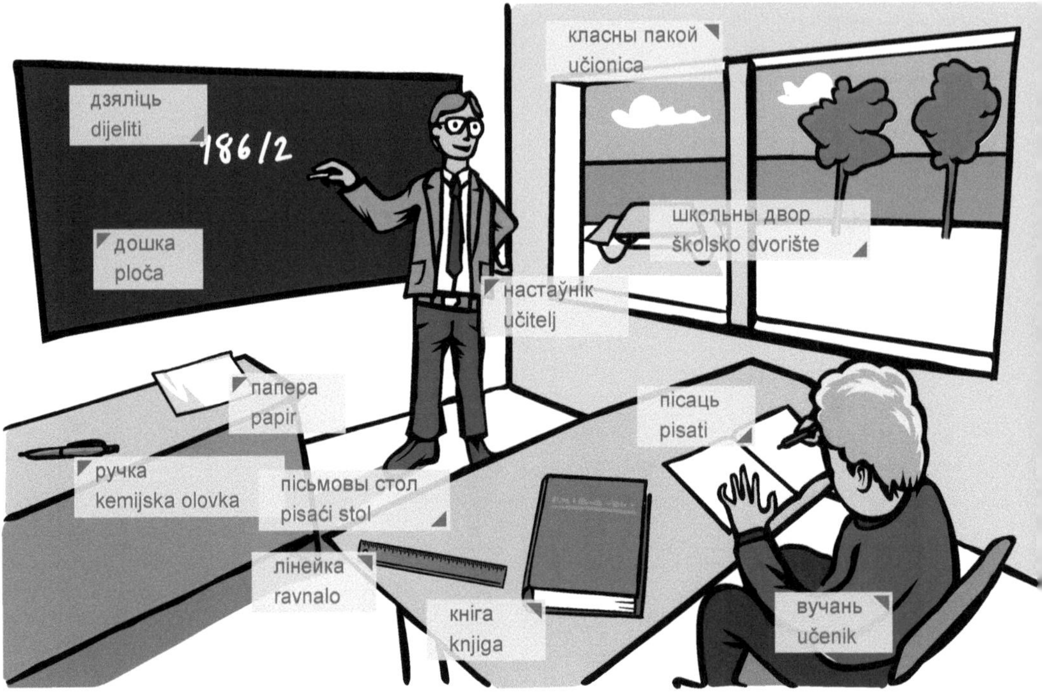
класны пакой
učionica
дзяліць
dijeliti
186/2
дошка
ploča
школьны двор
školsko dvorište
настаўнік
učitelj
папера
papir
пісаць
pisati
ручка
kemijska olovka
пісьмовы стол
pisaći stol
лінейка
ravnalo
кніга
knjiga
вучань
učenik

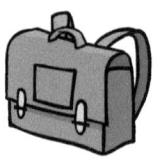

ранец
torba

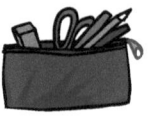

пенал
pernica

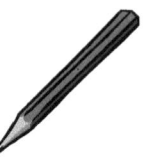

просты аловак
grafitna olovka

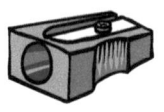

тачылка для алоўкаў
šiljilo za olovke

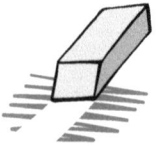

гумка
gumica za brisanje

альбом для малявання
blok za crtanje

малюнак

crtež

пэндзлік

kist

фарбы

kutija s bojama

нажніцы

makaze

клей

ljepilo

сшытак

bilježnica

хатняе заданне

domaći zadatak

лік

broj

дадаваць

sabirati

адымаць

oduzimati

множыць

množiti

лічыць

računati

літара

slovo

алфавіт

abeceda

слова

riječ

тэкст

tekst

чытаць

čitati

крэйда

kreda

ўрок

sat

класны журнал

dnevnik

экзамен

ispit

атэстат

svjedodžba

школьная форма

školska uniforma

адукацыя

obrazovanje

энцыклапедыя

leksikon

універсітэт

sveučilište

мікраскоп

mikroskop

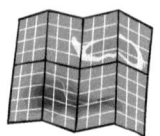

карта

karta

смеццевы кошык

košara za papir

падарожжа

putovanje

гатэль
hotel
Grand
хостэл
prenoćište
ROOMS
абменны пункт
mjenjačnica
CHANGE
чамадан
kofer
аўтамабіль
auto

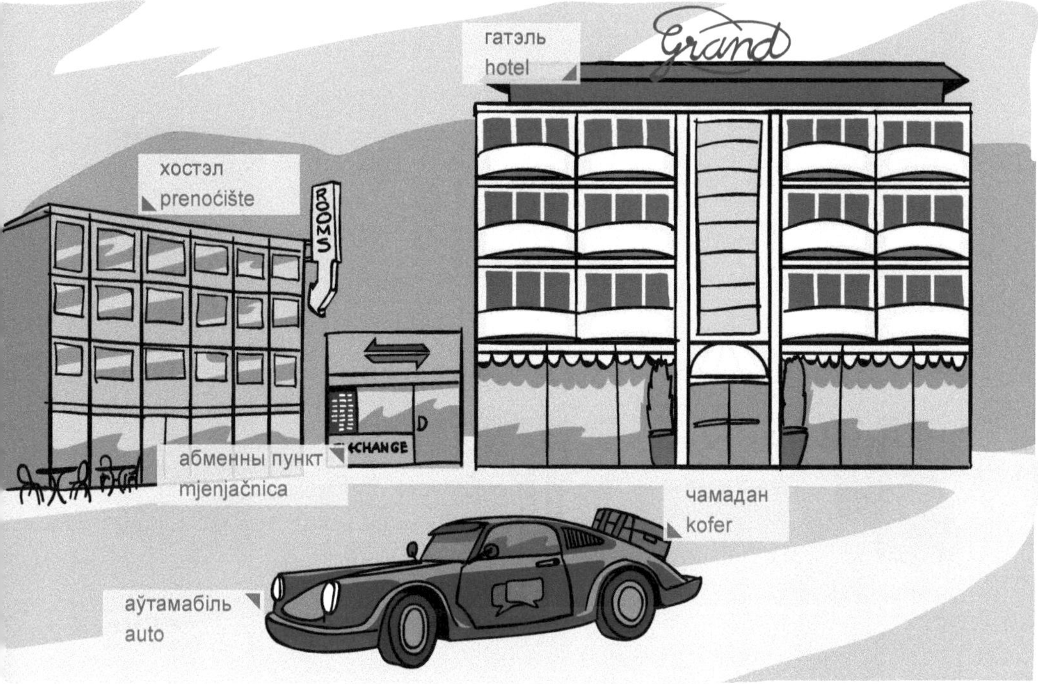

мова
jezik

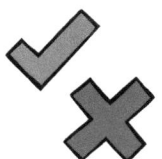

так / не
da / ne

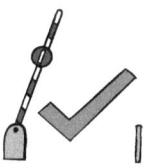

добра
okay

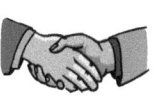

прывітанне!
zdravo

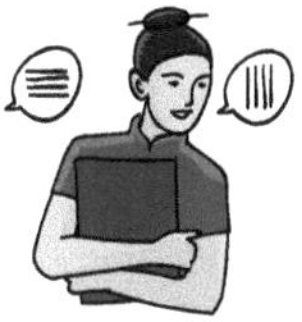

перакладчык
prevoditelj

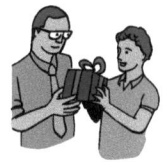

дзякуй
hvala

Колькі каштуе....?

Koliko košta...?

я не разумею

ne razumijem

праблема

problem

Добры вечар!

dobro veče!

Добрай раніцы!

Dobro jutro!

Дабранач!

Laku noć!

да пабачэння

doviđenja

кірунак

smjer

багаж

prtljaga

сумка

torba

заплечнік

ruksak

госць

gost

пакой

soba

спальны мяшок

vreća za spavanje

палатка

šator

інфармацыя для турыстаў

turističke informacije

пляж

plaža

крэдытная картка

kreditna kartica

снеданне

doručak

абед

ručak

вячэра

večera

праязны білет

karta za vožnju

ліфт

dizalo

паштовая марка

poštanska markica

мяжа

granica

мытня

carina

пасольства

ambasada

віза

viza

пашпарт

putovnica

транспарт

transport

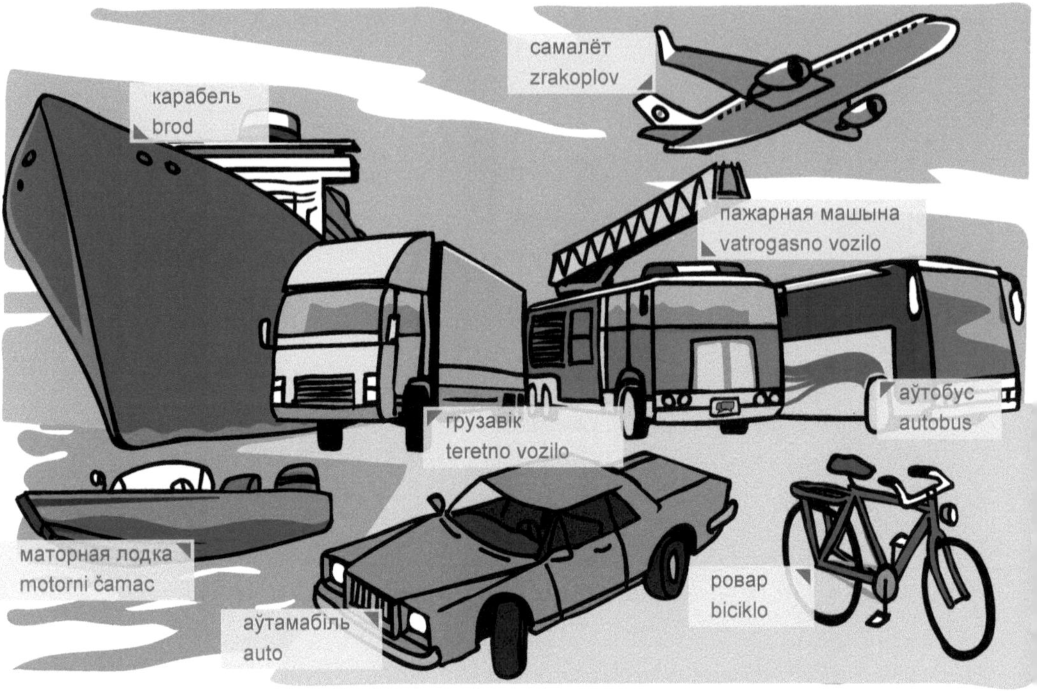
самалёт
zrakoplov
карабель
brod
пажарная машына
vatrogasno vozilo
аўтобус
autobus
грузавік
teretno vozilo
маторная лодка
motorni čamac
ровар
biciklo
аўтамабіль
auto

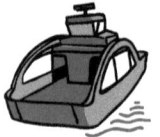

паром

trajekt

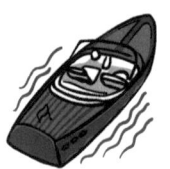

лодка

čamac

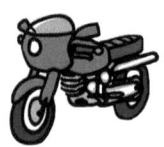

матацыкл

motocikl

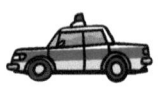

паліцэйская машына

policijski auto

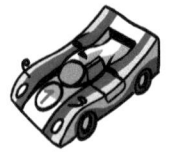

гоначны аўтамабіль

trkaći auto

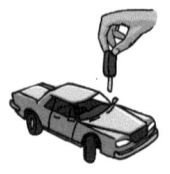

арэндаваны аўтамабіль

iznajmljeno auto

сумеснае карыстанне
аўтамабілем

dijeljenje automobila

эвакуатар

vučno vozilo

смеццявоз

vozilo za odvoz smeća

матор

motor

паліва

benzin

запраўка

benzinska postaja

дарожны знак

prometni znak

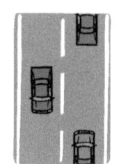

дарожны рух

promet

затор

zastoj

паркоўка

parkiralište

чыгуначная станцыя

kolodvor

рэйкі

šine

цягнік

vlak

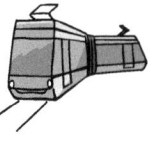

трамвай

tramvaj

вагон

vagon

верталёт

helikopter

аэрапорт

zrakoplovna luka

вежа

toranj

пасажыр

putnik

кантэйнер

kontejner

кардонная скрыня

karton

тачка

kolica

карзіна

košara

ўзлятаць / прызямляцца

uzletjeti / sletjeti

горад

grad

вёска

selo

цэнтр горада

centar grada

дом

kuća

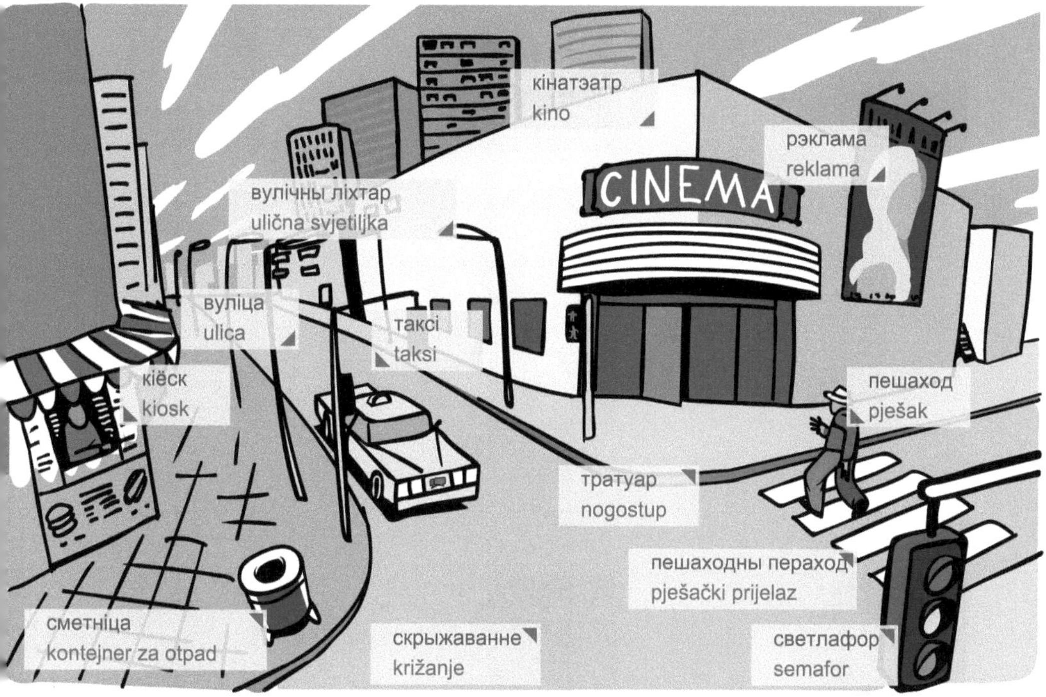

кінатэатр
kino

рэклама
reklama

вулічны ліхтар
ulična svjetiljka

CINEMA

вуліца
ulica

таксі
taksi

пешаход
pješak

кіёск
kiosk

тратуар
nogostup

пешаходны пераход
pješački prijelaz

сметніца
kontejner za otpad

скрыжаванне
križanje

светлафор
semafor

халупа
koliba

кватэра
stan

чыгуначная станцыя
kolodvor

ратуша
vijećnica

музей
muzej

школа
škola

універсітэт

sveučilište

банк

banka

шпіталь

bolnica

гатэль

hotel

аптэка

ljekarna

офіс

ured

кнігарня

knjižara

крама

prodavaonica

кветкавая крама

cvjećara

супермаркет

supermarket

кірмаш

trg

універмаг

robna kuća

рыбная крама

ribarnica

гандлевы цэнтр

trgovački centar

порт

luka

парк

park

лава

klupa

мост

most

лесвіца

stepenice

метро

podzemna željeznica

тунэль

tunel

прыпынак

autobusna stanica

бар

bar

рэстаран

restoran

паштовая скрыня

poštansko sanduče

вулічны паказальнік

ulični znak

паркамат

parkirni sat

заапарк

zoološki vrt

басейн

bazen

мячэць

džamija

сядзіба

seosko gazdinstvo

забруджванне
навакольнага асяроддзя

zagađenje okoliša

могілкі

groblje

царква

crkva

пляцоўка для гульні

igralište

храм

hram

краявід
krajolik

ліст
list

паказальнік
putokaz

дарога
put

луг
livada

камень
kamen

дрэва
drvo

падарожнік
šetač

рака
rijeka

трава
trava

кветка
cvijet

даліна

dolina

гара

planina

возера

jezero

лес

šuma

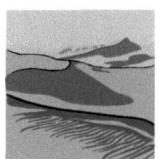

пустыня

pustinja

вулкан

vulkan

замак

dvorac

вясёлка

duga

грыб

gljiva

пальма

palma

камар

moskito

муха

muha

мурашка

mrav

пчала

pčela

павук

pauk

краявід - krajolik

жук

buba

жаба

žaba

вавёрка

vjeverica

вожык

jež

заяц

zec

сава

sova

птушка

ptica

лебедзь

labud

дзік

divlja svinja

алень

jelen

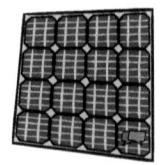

лось

los

плаціна

nasip

вятрак

vjetrenjača

сонечная батарэя

solarna ploča

клімат

klima

рэстаран
restoran

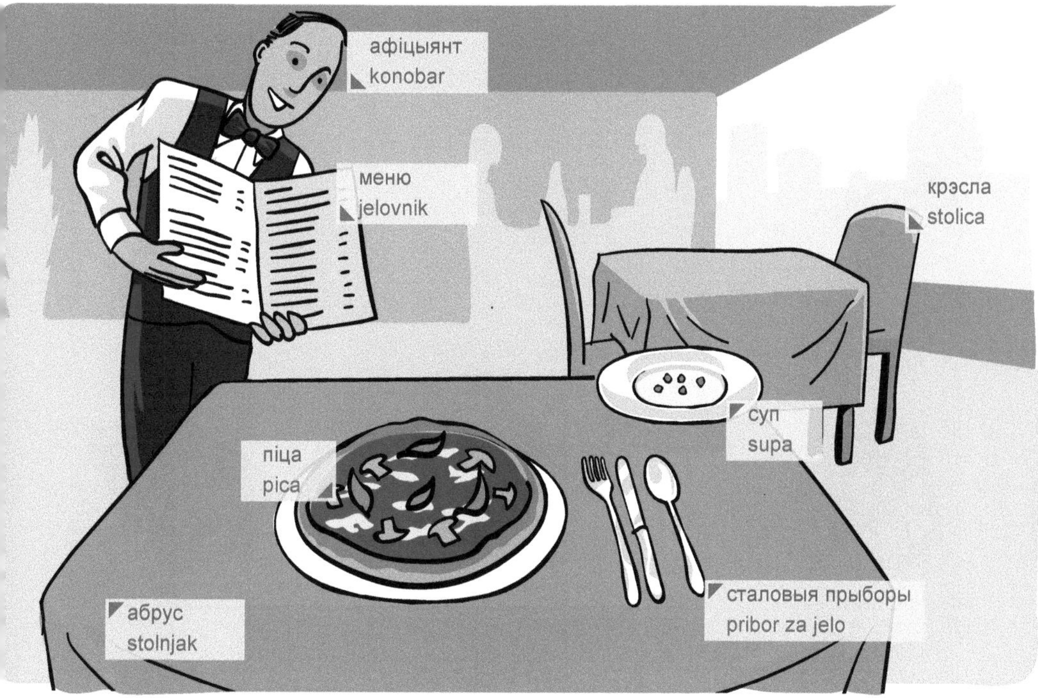

афіцыянт
konobar
меню
jelovnik
крэсла
stolica
суп
supa
піца
pica
сталовыя прыборы
pribor za jelo
абрус
stolnjak

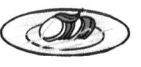

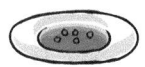

закуска

predjelo

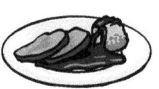

другая страва

glavno jelo

дэсерт

desert

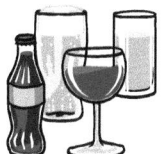

напоі

napitci

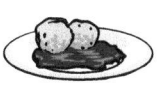

ежа

jelo

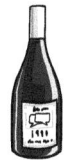

бутэлька

boca

хуткае харчаванне (фаст-фуд)

fastfood

стрыт-фуд

imbis hrana

імбрык (чайнік)

čajnik

цукарніца

doza za šećer

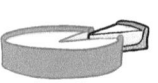

порцыя

porcija

эспрэса-машына

aparat za espresso

дзіцячае крэселка

visoka stolica

рахунак

račun

паднос

pladanj

нож

nož

відэлец

vilica

лыжка

žlica

чайная лыжка

čajna žlica

сурвэтка

ubrus

шклянка

čaša

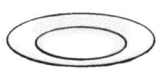

талерка

tanjur

супавая талерка

tanjur za supu

сподак

tanjurić

соус

sos

сальніца

soljenka

млынок для перцу

mlin za biber

воцат

ocat

алей

ulje

спецыі

začini

кетчуп

kečap

гарчыца

senf

маянэз

majoneza

супермаркет
supermarket

акцыя
ponuda
FOR
пакупнік
kupac
малочныя прадукты
mliječni proizvodi
садавіна
voće
вазок
kolica za kupnju

BUTCHERS

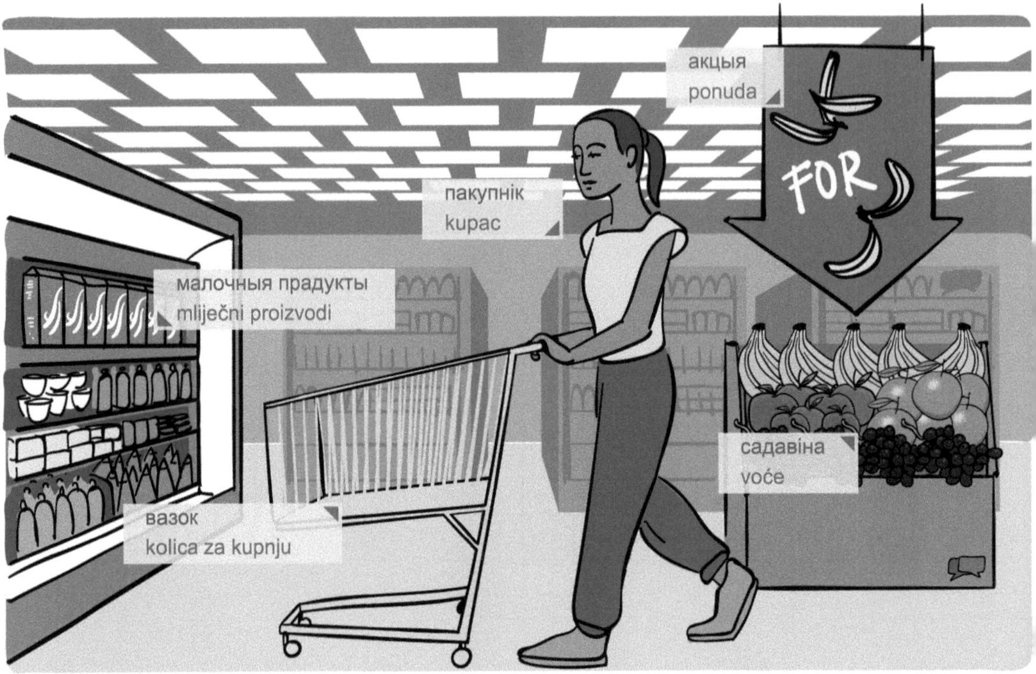

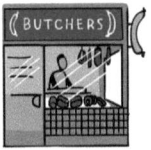

мясная крама

mesnica

BAKERY

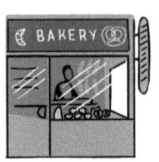

хлебны магазін

pekarnica

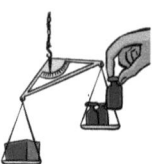

важыць

vagati

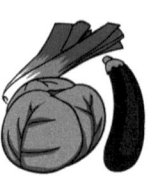

гароднiна

povrće

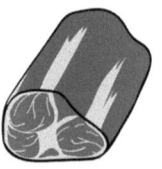

мяса

meso

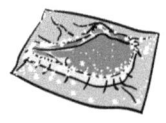

свежазамарожаныя прадукты

duboko smrznuta hrana

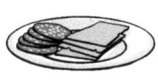

нарэзка

narezak

кансервы

konzerve

пральны парашок

sredstvo za pranje

прысмакі

slatkiši

хатнія прылады

artikli za domaćinstvo

чысцячы сродак

sredstva za čišćenje

прадавец

prodavačica

каса

blagajna

касір

blagajnik

спіс пакупак

lista za kupnju

гадзіны працы

vrijeme rada

бумажнік

novčanik

крэдытная картка

kreditna kartica

сумка

torba

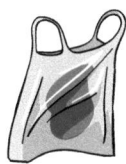

пакет

plastična vrećica

вада

voda

сок

sok

малако

mlijeko

кола

cola

віно

vino

піва

pivo

алкаголь

alkohol

какава

kakao

гарбата (чай)

čaj

кава

kava

эспрэса

espresso

капучына

cappuccino

банан

banana

яблык

jabuka

апельсін

naranča

дыня

lubenica

лімон

limun

морква

mrkva

часнок

češnjak

бамбук

bambus

цыбуля

luk

грыб

gljiva

арэхі

orašasti plodovi

локшына

rezanci

спагеці

špagete

рыс

riža

салата

salata

бульба фры

pomfrit

смажаная бульба

pečeni krumpir

піца

pica

гамбургер

hamburger

бутэрброд

sendvič

шніцаль

šnicla

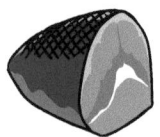

вяндліна

pršut

салямі

salama

каўбаса

kobasica

курыца

kokoš

смажаніна

pečenje

рыбак

riba

аўсяныя камякі

zobene pahuljice

мюслі

musli

кукурузныя шматкі

kukuruzne pahuljice

мука

brašno

круасан

roščić

булачка

pecivo

хлеб

kruh

тост

toast

пячэнне

keksi

масла

maslac

тварог

svježi sir

пірог

kolač

яйка

jaje

яечня

jaje na oko

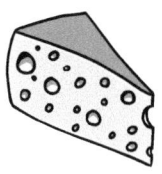

сыр

sir

марожанае

sladoled

цукар

šećer

мёд

med

варэнне

marmelada

нуга

nugat krema

кары

curry

сядзіба
seosko gazdinstvo

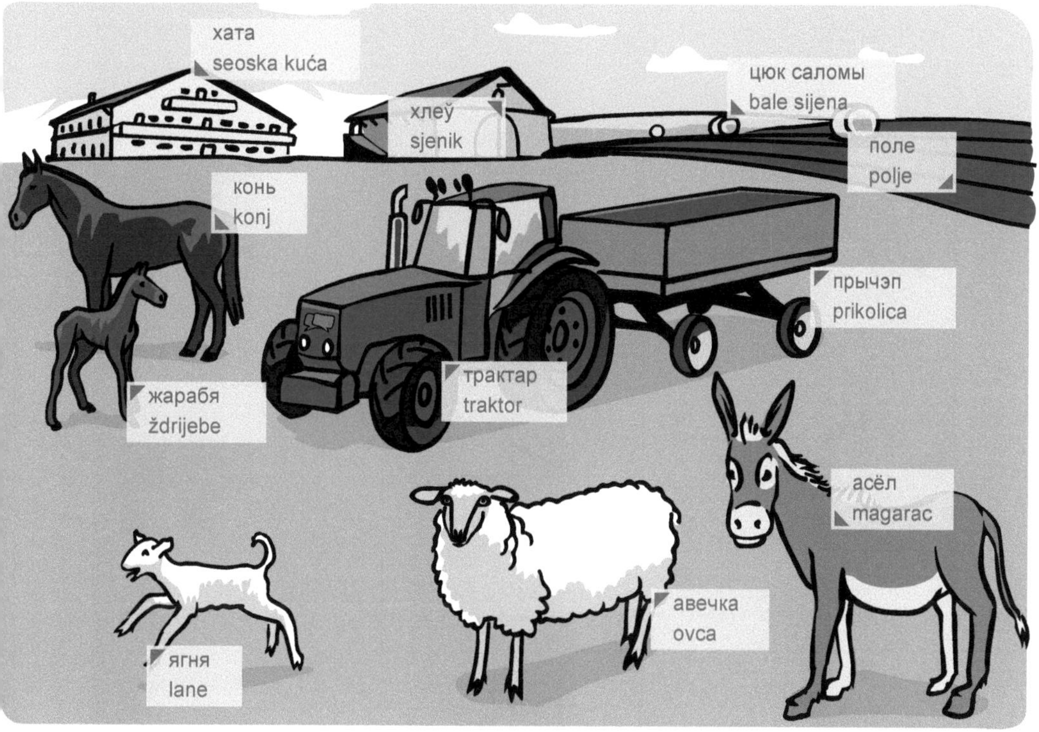
хата
seoska kuća
хлеў
sjenik
цюк саломы
bale sijena
поле
polje
конь
konj
прычэп
prikolica
трактар
traktor
жарабя
ždrijebe
асёл
magarac
авечка
ovca
ягня
lane

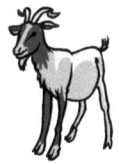

каза
koza

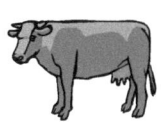

карова
krava

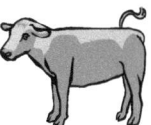

цяля
tele

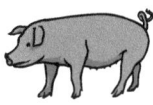

свіння
svinja

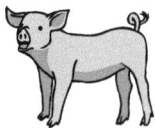

парася
prase

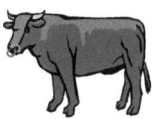

бык
bik

гусак
guska

качка
patka

кураня
pilići

курыца
kokoš

певень
pijetao

пацук
pacov

кот
mačka

мыш
miš

вол
vol

сабака
pas

сабачая будка
kućica za psa

садовы шланг
vrtno crijevo

палівачка
kanta za polijevanje

каса
kosa

плуг
plug

серп

srp

матыка

motika

вілы для гною

vilica za gnojivo

сякера

sjekira

тачка

tačke

карыта

korito

бітон для малака

posuda za mlijeko

мех

vreća

плот

ograda

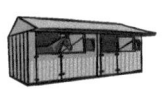

хлеў

štala

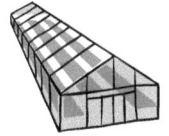

цяпліца

staklenik

глеба

zemlja

насенне

sjeme

угнаенне

gnojivo

камбайн

kombajn

збіраць ураджай

žanjati

ураджай

žetva

ямс

yams začin

пшаніца

pšenica

соя

soja

бульба

krumpir

кукуруза

kukuruz

рапс

uljana repica

садовае дрэва

voćka

маніёк

gomolj manioke

збожжа

žitarice

дом
kuća

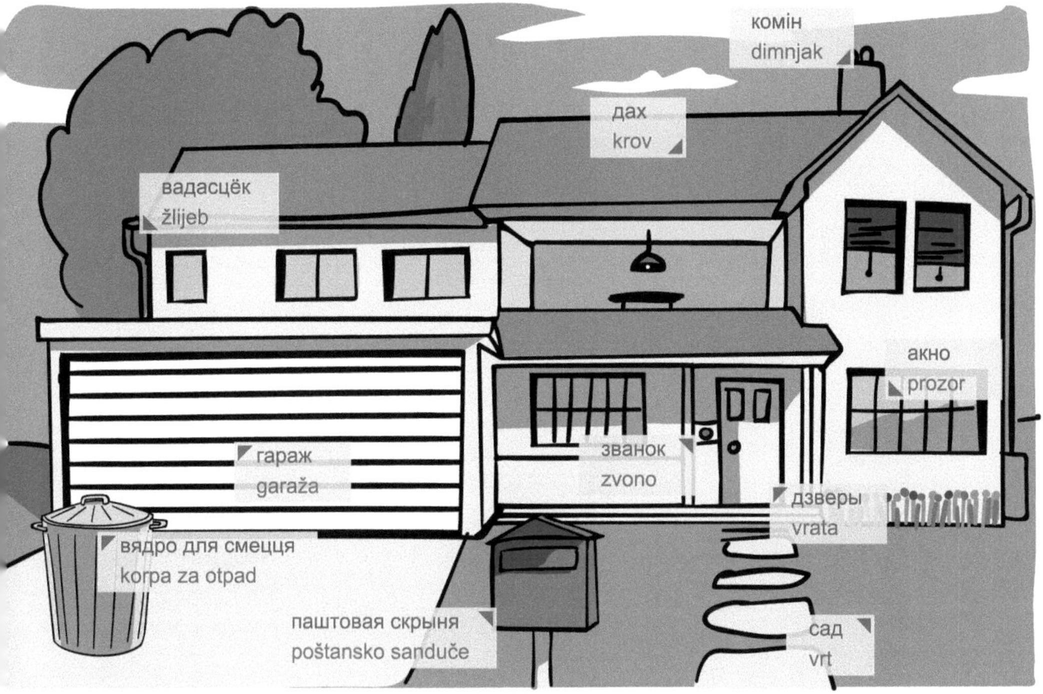

комін
dimnjak
дах
krov
вадасцёк
žlijeb
акно
prozor
гараж
garaža
званок
zvono
дзверы
vrata
вядро для смецця
korpa za otpad
паштовая скрыня
poštansko sanduče
сад
vrt

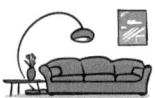

жылы пакой

dnevna soba

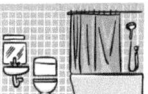

ванная

kupaonica

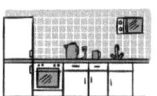

кухня

kuhinja

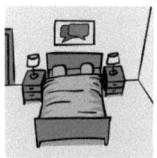

спальны пакой

spavaća soba

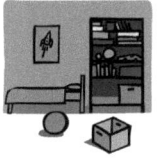

дзіцячы пакой

dječija soba

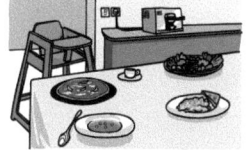

сталоўка

trpezarija

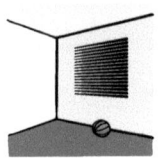

падлога
....
pod

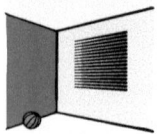

сцяна
....
zid

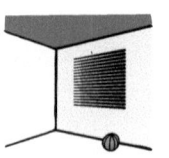

столь
....
strop

падвал
....
podrum

саўна
....
sauna

балкон
....
balkon

тэраса
....
terasa

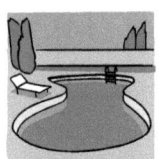

басейн
....
bazen

касілка
....
kosilica za travu

падкоўдранік
....
posteljina za krevet

коўдра
....
deka za krevet

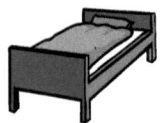

ложак
....
krevet

венік
....
metla

вядро
....
kanta

выключальнік
....
sklopka

жылы пакой

dnevna soba

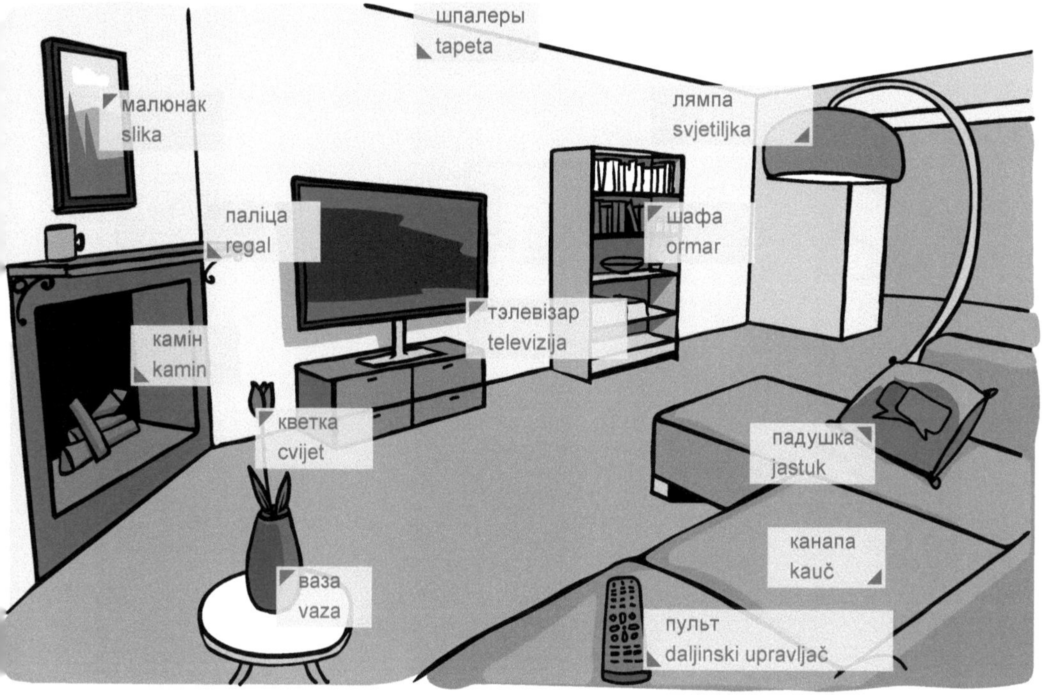

шпалеры
tapeta
малюнак
slika
лямпа
svjetiljka
паліца
regal
шафа
ormar
тэлевізар
televizija
камін
kamin
кветка
cvijet
падушка
jastuk
канапа
kauč
ваза
vaza
пульт
daljinski upravljač

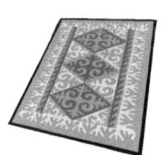

дыван

tepih

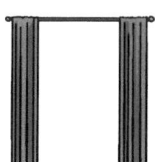

фіранка

zavjesa

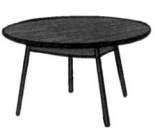

стол

stol

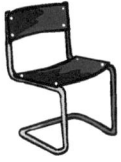

крэсла

stolica

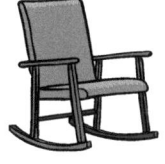

крэсла-качалка

stolica za njihanje

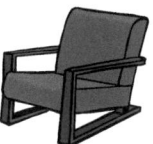

крэсла

fotelja

кніга

knjiga

коўдра

deka

дэкарацыя

dekoracija

дровы

drvo za ogrjev

кіно

film

стэрэасістэма

stereo uređaj

ключ

ključ

газета

novine

карціна

slika na platnu

постар

poster

радыё

radio

нататнік

blok za pisanje

пыласос

usisavač

кактус

kaktus

свечка

svijeća

кухня
kuhinja

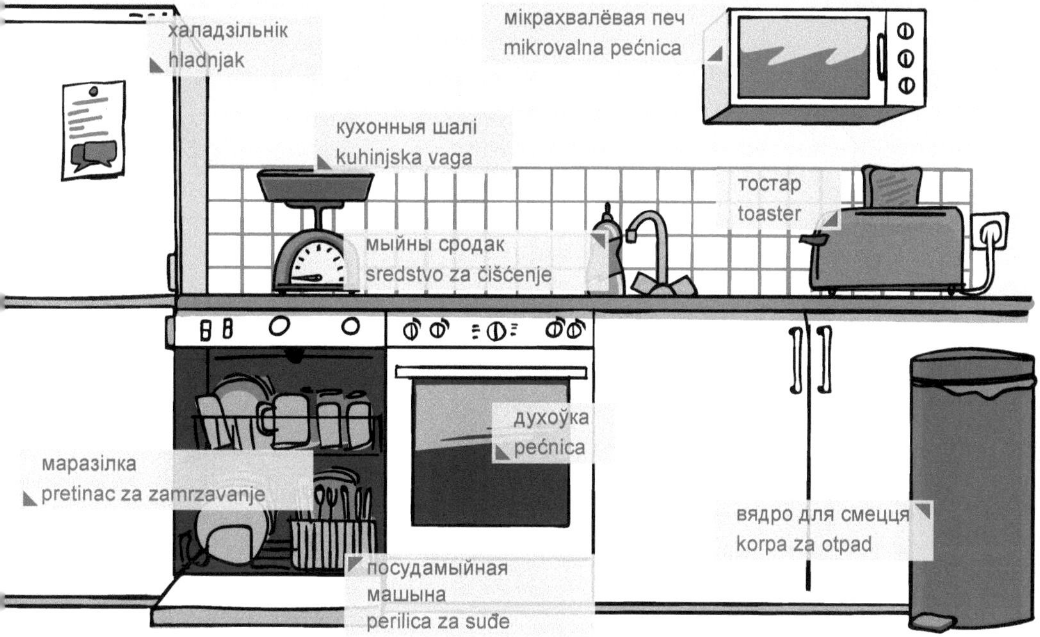

халадзільнік
hladnjak
мікрахвалёвая печ
mikrovalna pećnica
кухонныя шалі
kuhinjska vaga
тостар
toaster
мыйны сродак
sredstvo za čišćenje
духоўка
pećnica
маразілка
pretinac za zamrzavanje
вядро для смецця
korpa za otpad
посудамыйная
машына
perilica za suđe

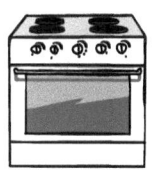

пліта

štednjak

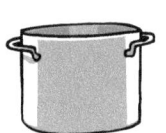

рондаль

lonac

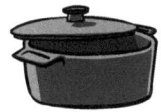

чыгунок

željezni lonac

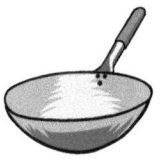

Вок / кадаі

wok / kadai

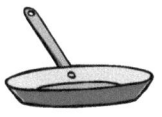

патэльня

tava

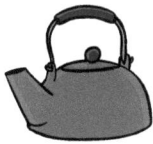

чайнік

kuhalo za vodu

параварка

kuhalo na paru

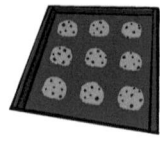

бляха

lim za pečenje

посуд

posuđe

кубак

čaša

міска

zdjela

палачкі для ежы

štapići za jelo

чарпак

kutljača

лапатачка

lopatica

збівалка

pjenjača

сіта для варэння

sito za kuhanje

сіта

sito

тарка

ribež

ступка

mužar

грыль

roštilj

вогнішча

ognjište

дошка

daska

качалка

oklagija

штопар

vadičep

бляшанка

konzerva

адкрывалка

otvarač konzervi

прыхваткі

krpa za lonac

ракавіна

sudoper

шчотка

četka

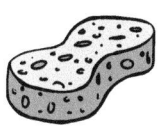

губка

spužva

міксер

mikser

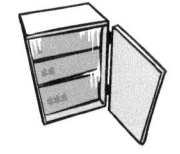

маразільная камера

zamrzivač

бутэлечка

bočica za bebe

вадаправодны кран

slavina za vodu

кухня - kuhinja

ванная

kupaonica

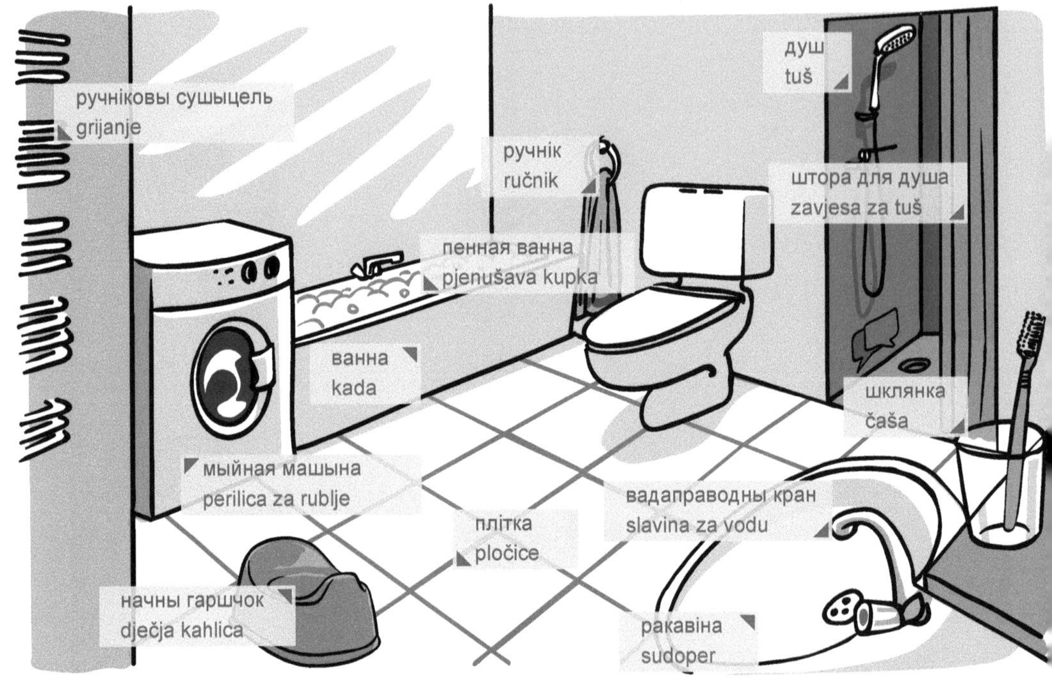

душ
tuš
ручніковы сушыцель
grijanje
ручнік
ručnik
штора для душа
zavjesa za tuš
пенная ванна
pjenušava kupka
ванна
kada
шклянка
čaša
мыйная машына
perilica za rublje
вадаправодны кран
slavina za vodu
плітка
pločice
начны гаршчок
dječja kahlica
ракавіна
sudoper

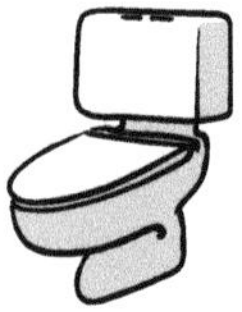

туалет

toalet

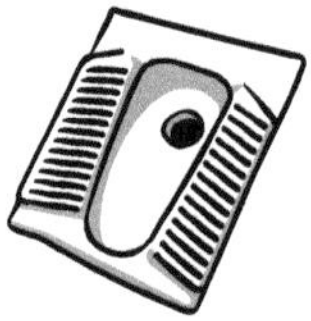

падлогавы ўнітаз

čučavac

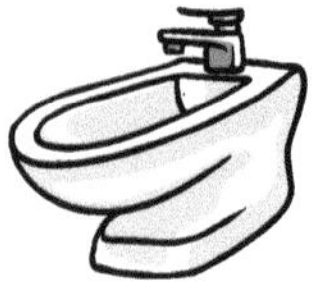

бідэ

bidet

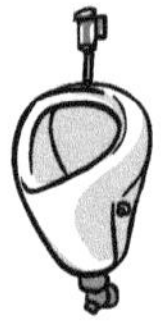

пісуар

pisoar

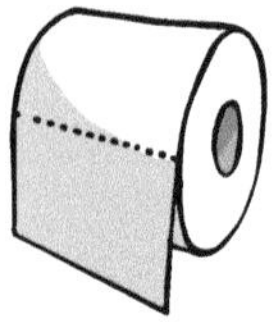

туалетная папера

papir za toalet

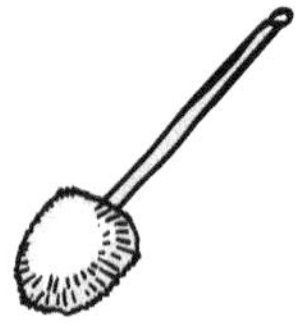

шчотка для чысткі ўнітаза

četka za toalet

зубная шчотка

četkica za zube

зубная паста

pasta za zube

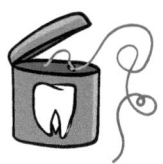

зубная нітка

konac za zube

мыць

prati

ручны душ

tuš ručica

інтымны душ

tuš za pranje intimnih dijelova

умывальнік

lavor

шчотка для спіны

četka za pranje leđa

мыла

sapun

гель для душа

gel za tuširanje

шампунь

šampon

вяхотка

krpa za pranje

вадасцёк

odvod

крэм

krema

дэзадарант

dezodorans

люстэрка

ogledalo

касметычнае люстэрка

kozmetičko ogledalo

станок для галення

brijač

пена для галення

pjena za brijanje

ласьён пасля галення

losion za poslije brijanja

грэбень

češalj

шчотка

četka

фен

sušilo za kosu

лак для валасоў

sprej za kosu

касметыка

makeup

памада

ruž za usne

лак для пазногцяў

lak za nokte

вата

vata

манікюрныя нажніцы

škare za nokte

духі

parfem

касметычка

neseser

табурэтка

stolica

вагі

vaga

лазневы халат

ogrtač

санітарныя пальчаткі

rukavice za čišćenje

тампон

tampon

гігіенічныя пракладкі

uložak

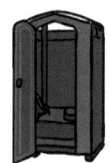

біятуалет

kemijski toalet

дзіцячы пакой

dječija soba

будзільнік
budilnik
мяккая цацка
plišana igračka
цацачная машынка
auto igračka
бразготка
zvečka
лялечны домік
kućica za lutke
падарунак
poklon

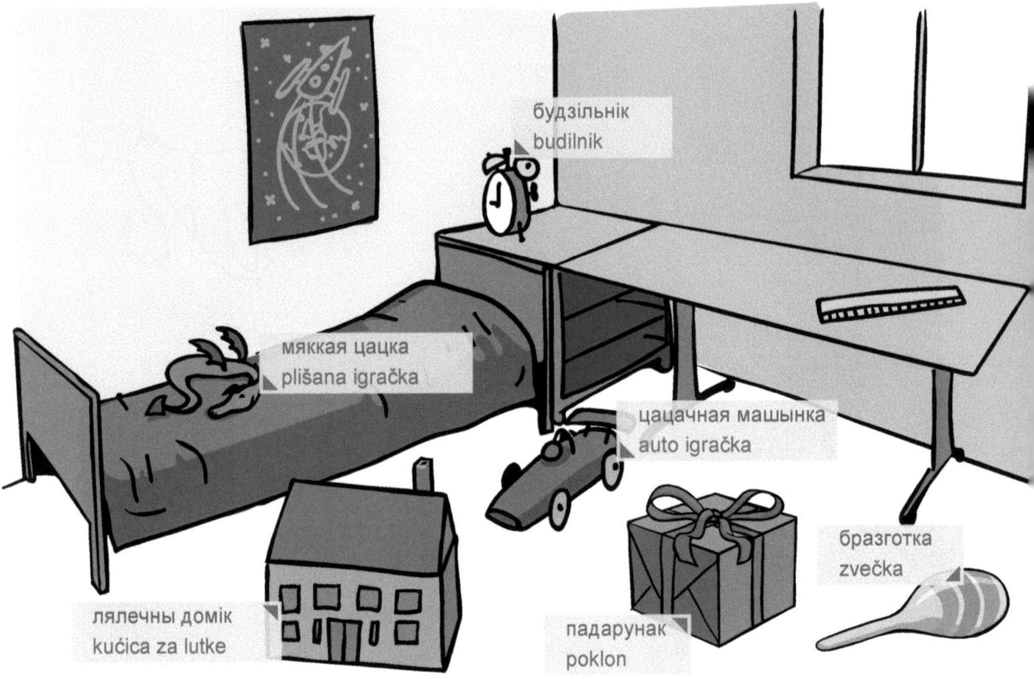

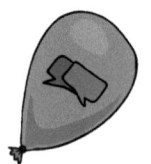

надзіманы шарык

balon

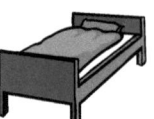

ложак

krevet

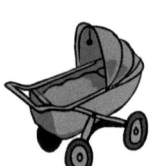

дзіцячая каляска

dječija kolica

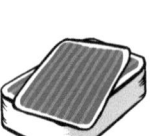

калода картаў

igra s kartama

пазл

slagalica

SUPER
MEGA

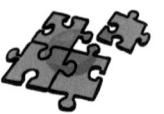

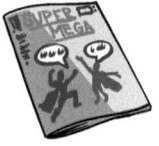

комікс

strip

канструктар "Лега"

lego kockice

канструктар

kockice za slaganje

экшэн-фігурка

akcioni junak

дзіцячы гарнітур

kombinezon za bebe

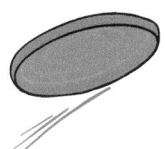

фрызбі

frizbi

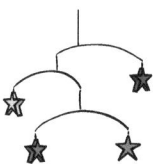

дзіцячы мабіль

viseće igračke

настольная гульня

društvene igre

кубік

kocka

дзіцячая чыгунка

minijaturna željeznica

пустышка

duda

дзіцячае свята

tulum

кніга з малюнкамі

slikovnica

мячык

lopta

лялька

lutka

гуляцца

igrati

пясочніца

pješčanik

арэлі

ljuljačka

цацкі

igračka

гульнявая відэа прыстаўка

konzola za igre

трохколавы ровар

tricikl

плюшавы мішка

plišani medo

шафа

ormar

адзенне
odjeća

шкарпэткі

kratke čarape

панчохі

čarape

калготкі

hulahopke

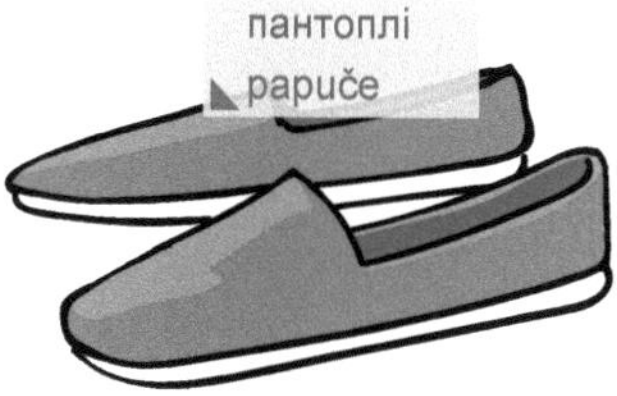

шалік
šal

парасон
kišobran

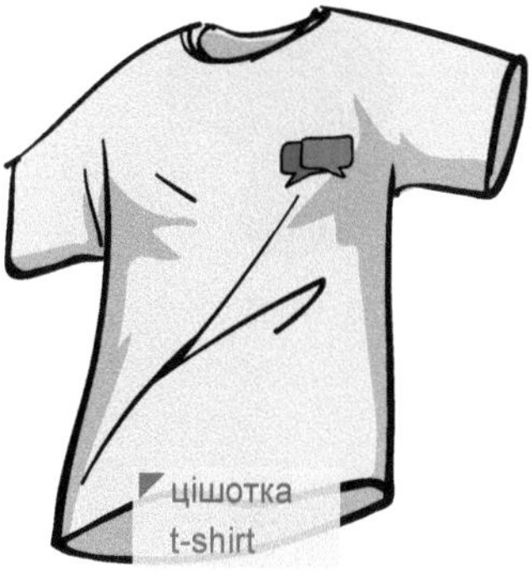

цішотка
t-shirt

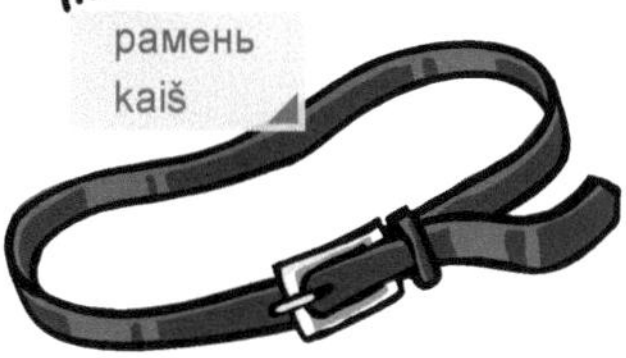

рамень
kaiš

боты
čizme

пантоплі
papuče

красоўкі
patike

сандалі
sandale

абутак
cipele

гумовыя боты
gumene čizme

трусы
gaćice

бюстгальтар
grudnjak

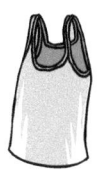

майка
potkošulja

бодзі
bodi

штаны
hlače

джынсы
džins

спадніца
haljina

блузка
bluza

кашуля
košulja

джэмпер
džemper

талстоўка
pulover s kapuljačom

блэйзер
blejzer

куртка
jakna

паліто
kaput

дажджавік
kabanica

касцюм
kostim

сукенка
haljina

вясельная сукенка
vjenčanica

касцюм

odijelo

начная сарочка

spavaćica

піжама

pidžama

сары

sari

хустка

rubac

цюрбан

turban

паранджа

burka

каптан

kaftan

Абая

abaja

купальнік

kupaći kostim

плаўкі

kupaće gaćice

шорты

kratke hlače

спартыўны касцюм

odjeća za trening

фартух

pregača

пальчаткі

rukavice

гузік

gumb

акуляры

naočale

бранзалет

narukvica

каралі

ogrlica

кальцо

prsten

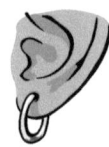

завушніца

naušnica

кепка

kapa

вешалка

vješalica

капялюш

šešir

гальштук

kravata

маланка

patent zatvarač

шлем

kaciga

падцяжкі

naramenice

школьная форма

školska uniforma

уніформа

uniforma

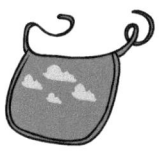

нагруднік

podbradak

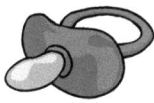

пустышка

duda

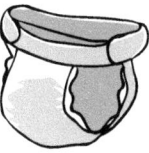

падгузнік

pelena

офіс
ured

сервер
server
канцылярская шафа
ormar za spise
прынтэр
pisač
папера
papir
манітор
monitor
мыш
miš
пісьмовы стол
pisaći stol
тэчка
mapa
клавіятура
tipkovnica
смеццевы кошык
košara za papir
кампутар
računar
крэсла
stolica

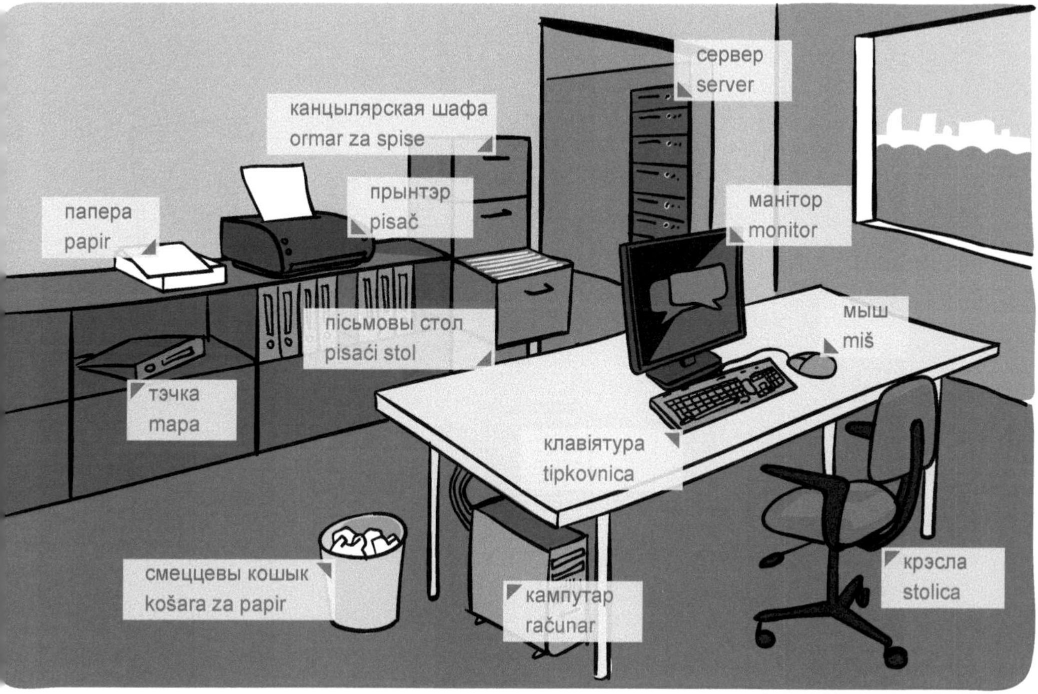

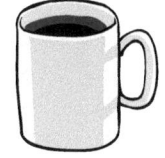

кубак для кавы (філіжанка)

šalica za kavu

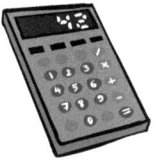

калькулятар

kalkulator

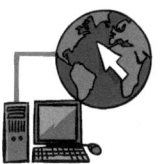

інтэрнэт

internet

ноўтбук

laptop

ліст

pismo

паведамленне

poruka

мабільны тэлефон

mobilni telefon

сетка

mreža

ксеракс

uređaj za kopiranje

праграмнае забеспячэнне

softver

тэлефон

telefon

разетка

utičnica

факс

faks

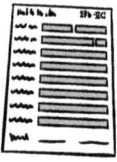

фармуляр

obrazac

дакумент

dokument

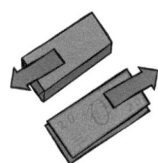

купляць

kupovati

плаціць

platiti

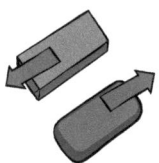

гандляваць

trgovati

грошы

novac

долар

dolar

еўра

euro

ена

jen

рубель

rubalj

франк

švicarski franak

кітайскі юань

renmindbi yuan

рупія

rupija

банкамат

automat za novac

абменны пункт

mjenjačnica

золата

zlato

срэбра

srebro

нафта

nafta

энергія

energija

цана

cijena

кантракт

ugovor

падатак

porez

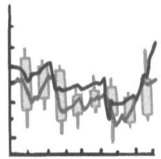

акцыя

dionica

працаваць

raditi

служачы

službenik

працадаўца

poslodavac

фабрыка

tvornica

крама

prodavaonica

прафесіі
zanimanja

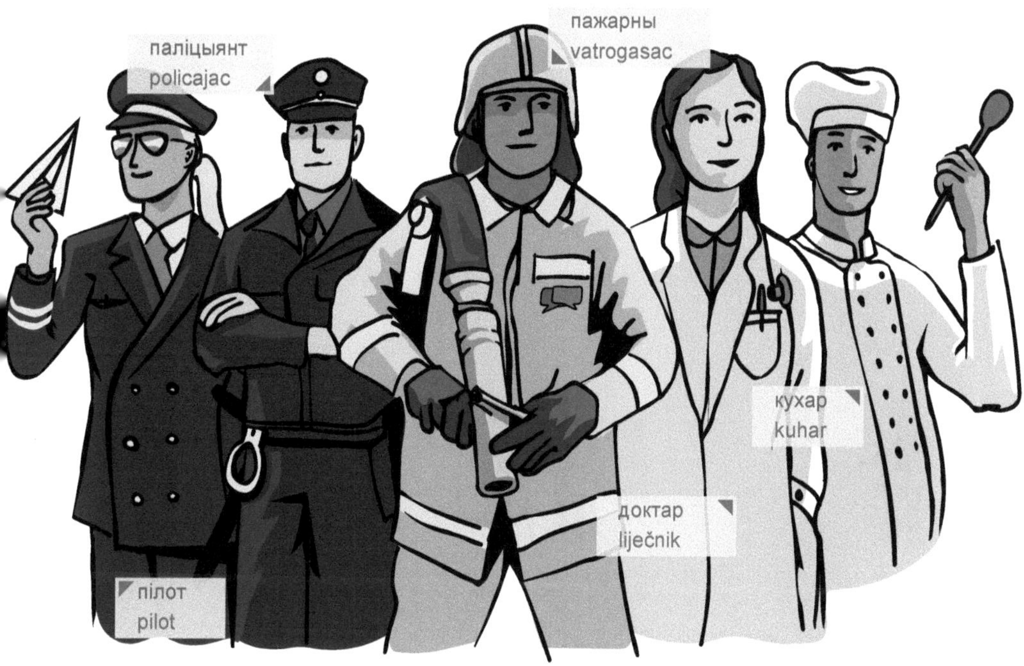
паліцыянт
policajac
пажарны
vatrogasac
кухар
kuhar
доктар
liječnik
пілот
pilot

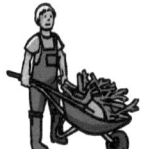

садоўнік

vrtlar

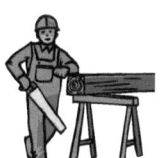

слесар

stolar

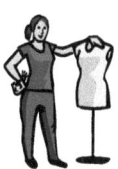

швачка

krojačica

суддзя

sudija

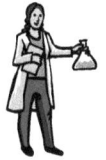

хімік

kemičar

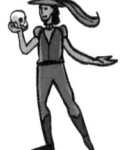

артыст

glumac

кіроўца аўтобуса

vozač autobusa

таксіст

vozač taksija

рыбак

ribar

прыбіральшчыца

čistačica

страхар

krovopokrivač

афіцыянт

konobar

паляўнічы

lovac

мастак

slikar

пекар

pekar

электрык

električar

будаўнік

građevinski radnik

інжынер

inženjer

мяснік

mesar

сантэхнік

limar

паштальён

poštar

салдат

vojnik

архітэктар

arhitekta

касір

blagajnik

фларыст

cvjećar

цырульнік

frizer

кандуктар

kondukter

механік

mehaničar

капітан

kapetan

стаматолаг

zubar

вучоны

znanstvenik

рабін

rabi

імам

imam

манах

monah

святар

svećenik

інструменты
alati

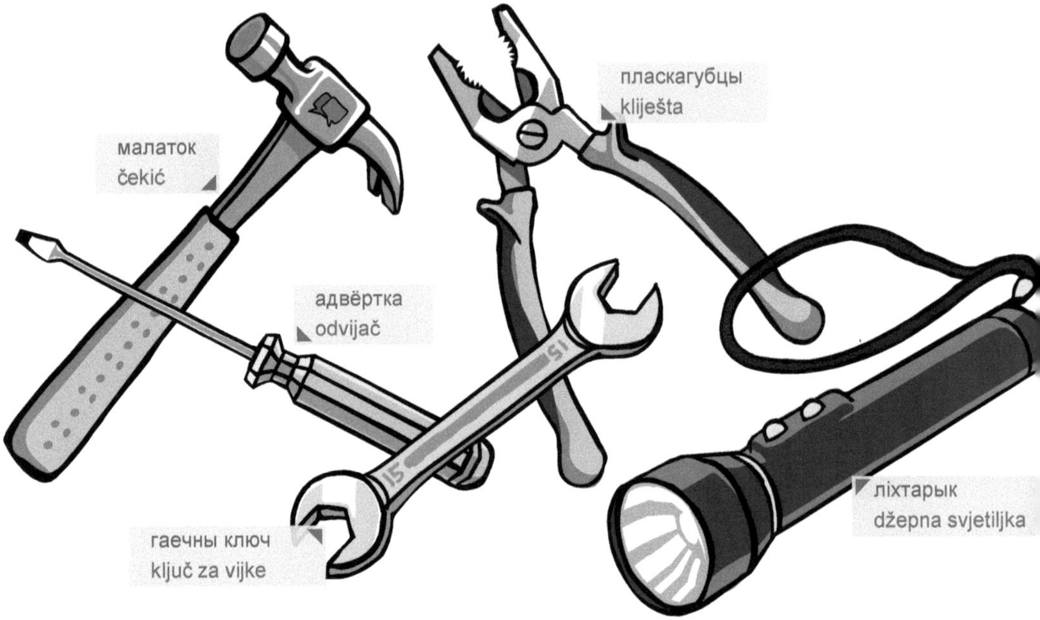

малаток
čekić
пласкагубцы
kliješta
адвёртка
odvijač
ліхтарык
džepna svjetiljka
гаечны ключ
ključ za vijke

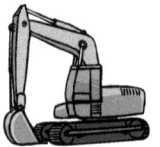

экскаватар

rovokopač

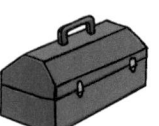

скрыня для інструментаў

kutija za alat

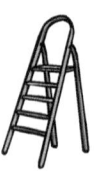

дравіны

ljestve

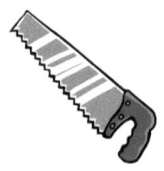

піла

pila

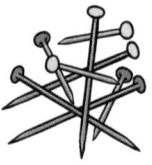

цвікі

ekser

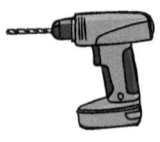

дрыль

bušilica

рамантаваць

popraviti

рыдлеўка

lopata

Халера!

Sranje!

шуфлік для смецця

lopatica

вядро з фарбаю

lonac za boju

балты

vijci

музычныя інструменты
glazbeni instrument

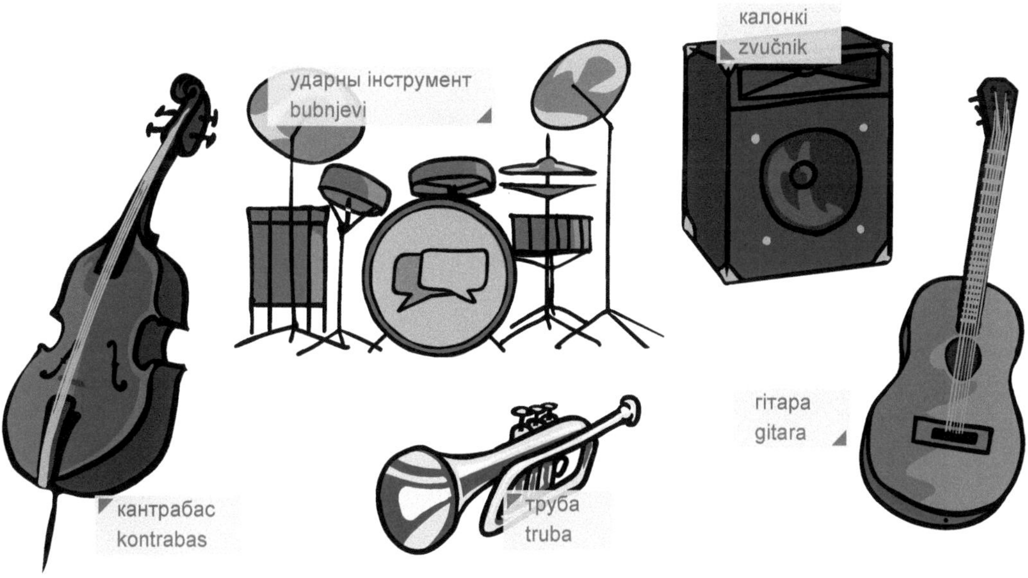

калонкі
zvučnik

ударны інструмент
bubnjevi

гітара
gitara

кантрабас
kontrabas

труба
truba

піянína
klavir

скрыпка
violina

басгітара
bas

літаўры
timpani

барабан
udaraljke za bubnjeve

клавішны электрамузычны
інструмент
keyboard

саксафон
saksofon

флейта
flauta

мікрафон
mikrofon

заапарк

zoološki vrt

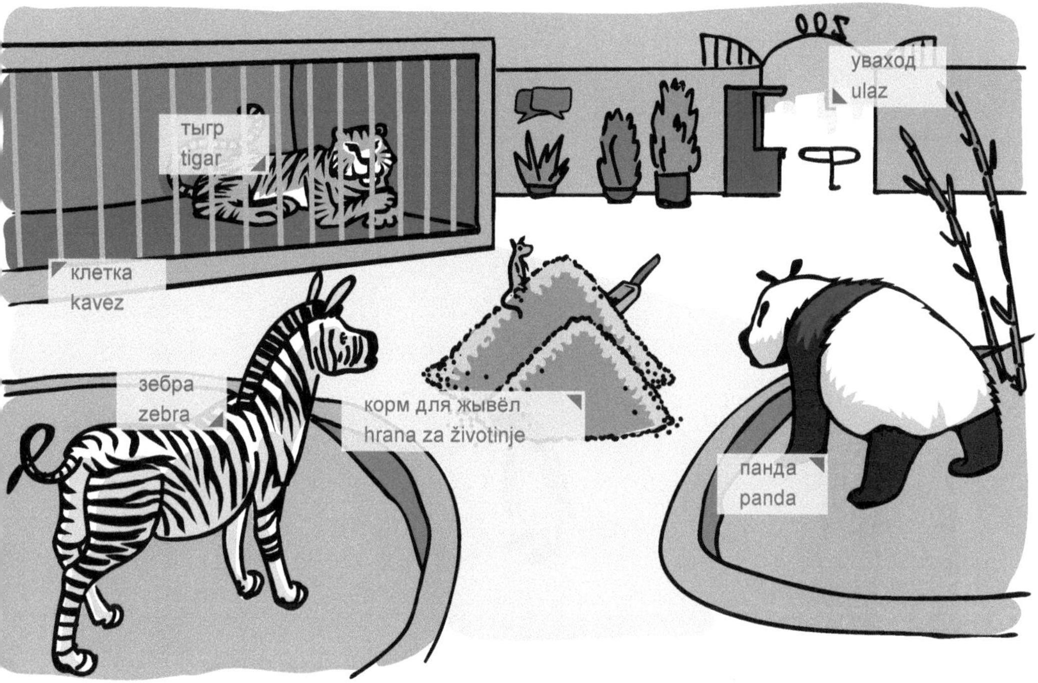

тыгр
tigar
уваход
ulaz
клетка
kavez
зебра
zebra
корм для жывёл
hrana za životinje
панда
panda

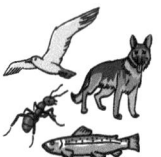

жывёлы

životinje

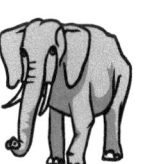

слон

slon

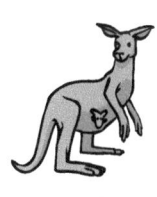

кенгуру

kengur

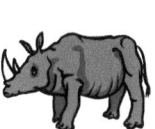

насарог

nosorog

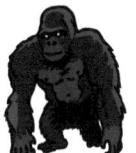

гарыла

gorila

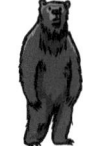

мядзведзь

medvjed

вярблюд

kamila

стравус

noj

леў

lav

малпа

majmun

фламінга

flamingo

папугай

papagaj

белы мядзведзь

polarni medvjed

пінгвін

pingvin

акула

ajkula

паўлін

paun

змяя

zmija

кракадзіл

krokodil

наглядчык заапарка

čuvar u zoološkom vrtu

цюлень

tuljan

ягуар

jaguar

поні
poni

леапард
leopard

бегемот
nilski konj

жыраф
žirafa

арол
orao

дзік
divlja svinja

рыбак
riba

чарапаха
kornjača

морж
morž

ліса
lisica

газель
gazela

амерыканскі футбол
američki nogomet

веласпорт
biciklizam

тэніс
tenis

баскетбол
košarka

плаванне
plivanje

бокс
boks

хакей з шайбай
hockey na ledu

футбол
nogomet

бадмінтон
badminton

лёгкая атлетыка
atletika

гандбол
rukomet

горныя лыжы
skijanje

пола
polo

дзейнасць
aktivnosti

смяяцца
smijati se
скакаць
skočiti
абдымаць
zagrliti
ісці
ići
спяваць
pjevati
марыць
sanjati
маліцца
moliti se
цалаваць
poljubiti

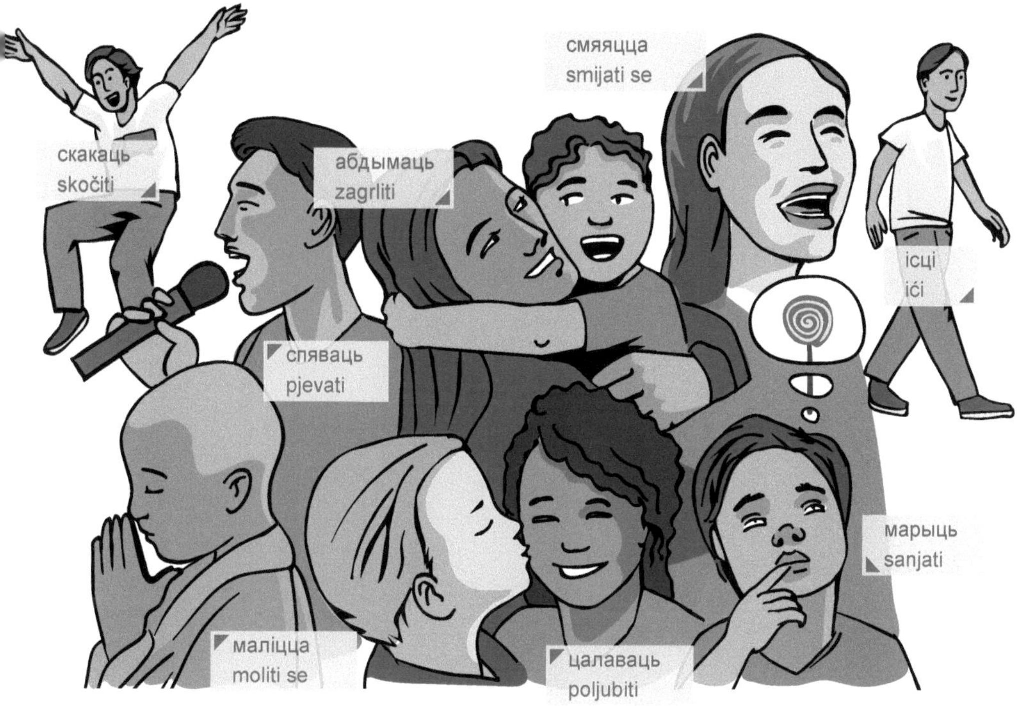

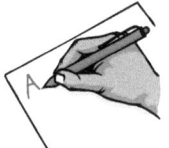

пісаць

pisati

маляваць

crtati

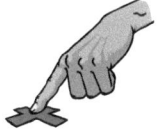

паказваць

pokazati

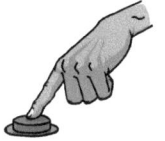

націснуць

gurati

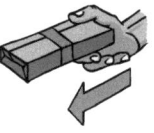

даваць

dati

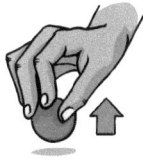

браць

uzeti

мaць

imati

выконваць

činiti

быць

biti

стаяць

stojati

бегчы

trčati

цягнуць

povlačiti

кідаць

baciti

падаць

padati

ляжаць

ležati

чакаць

čekati

насіць

nositi

сядзець

sjediti

апранацца

oblačiti

спаць

spavati

прачынацца

probuditi se

глядзець

gledati

плакаць

plakati

лашчыць

milovati

прычэсвацца

češljati

гаварыць

govoriti

разумець

razumjeti

пытаць

pitati

чуць

slušati

піць

piti

есці

jesti

прыбіраць

pospremiti

кахаць

voljeti

гатаваць

kuhati

ехаць

voziti

лятаць

letjeti

плаваць пад ветразем

ploviti

лічыць

računati

чытаць

čitati

вучыць

učiti

працаваць

raditi

уступаць у шлюб

vjenčati se

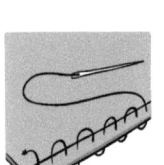

шыць

šiti

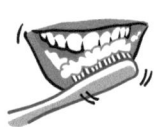

чысціць зубы

prati zube

забіваць

ubiti

курыць

pušiti

пасылаць

poslati

сям'я

obitelj

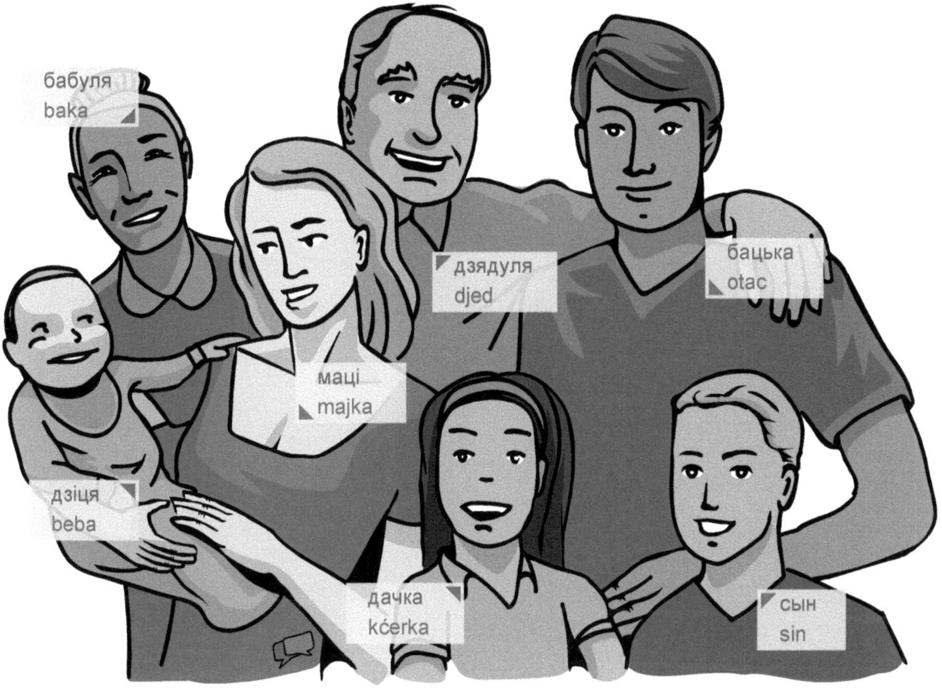

бабуля
baka
дзядуля
djed
бацька
otac
маці
majka
дзіця
beba
дачка
kćerka
сын
sin

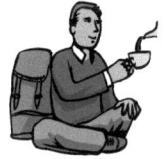

госць

gost

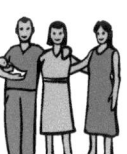

цётка

tetka

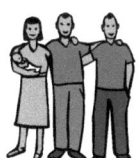

дзядзька

ujak, stric

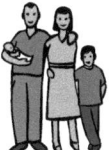

брат

brat

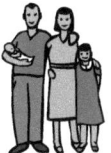

сястра

sestra

цела

tijelo

лоб
čelo
вока
oko
плячо
rame
палец
prst
твар
lice
падбародак
brada
рука
ruka
нага
noga
грудзі
grudi
рука
ruka

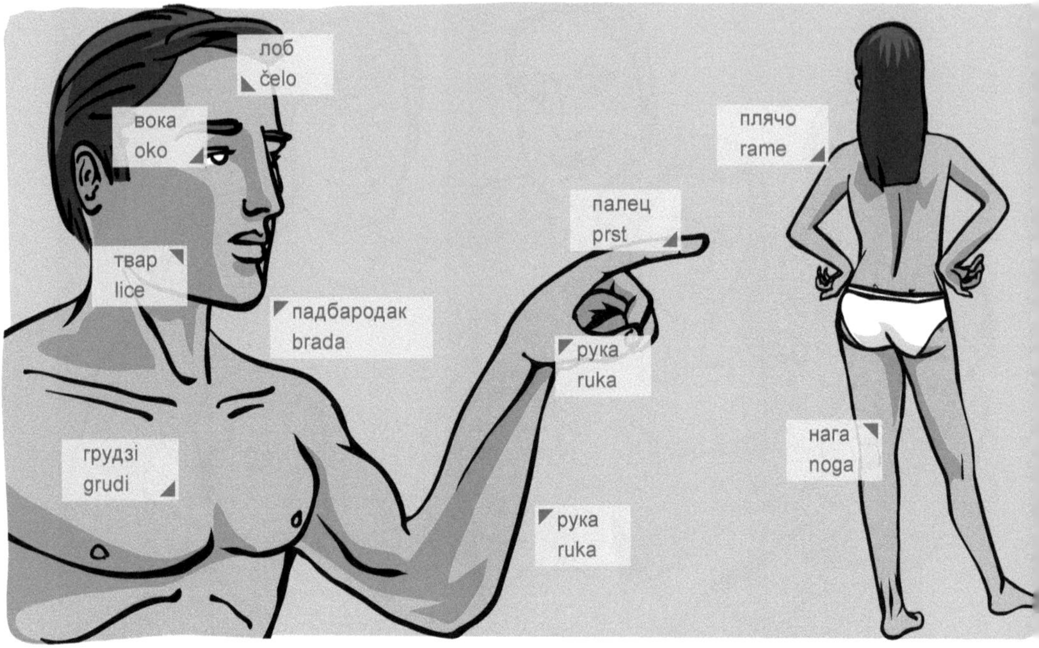

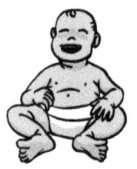

дзіця
beba

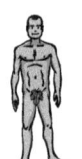

мужчына
muškarac

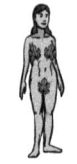

жанчына
žena

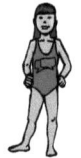

дзяўчынка
djevojčica

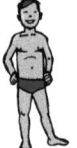

хлопчык
dječak

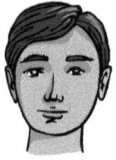

галава
glava

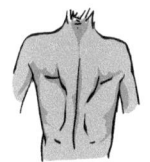

спіна

leđa

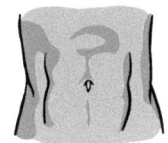

жывот

trbuh

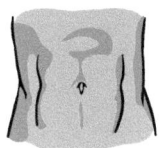

пуп

pupak

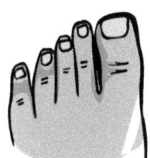

палец нагі

nožni prst

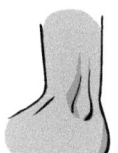

пятка

peta

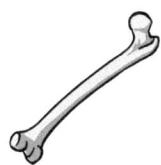

костка

kost

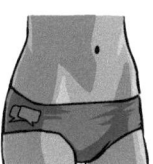

бядро

kuk

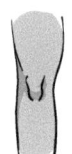

калена

koljeno

локаць

lakat

нос

nos

ягадзіца

stražnjica

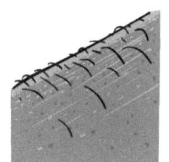

скура

koža

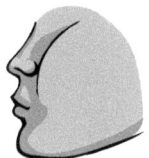

шчака

obraz

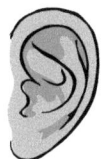

вуха

uho

губа

usna

рот

usta

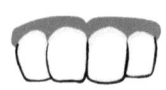

зуб

zub

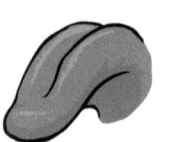

язык

jezik

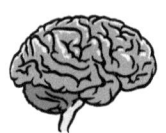

галаўны мозг

mozak

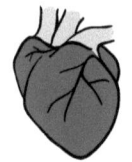

сэрца

srce

мышца

mišić

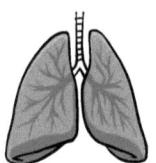

лёгкае

pluća

пячонка

jetra

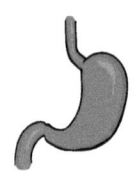

страўнік

želudac

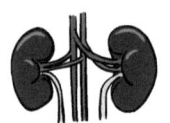

ныркі

bubrezi

сэкс

snošaj

прэзерватыў

kondom

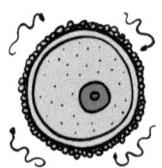

яйцаклетка

jajna stanica

сперма

sperma

цяжарнасць

trudnoća

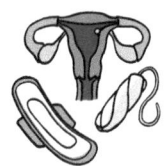

менструацыя

menstruacija

похва

vagina

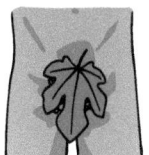

пеніс

penis

брыво

obrva

валасы

kosa

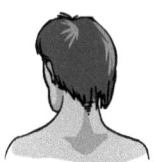

шыя

vrat

шпіталь

bolnica

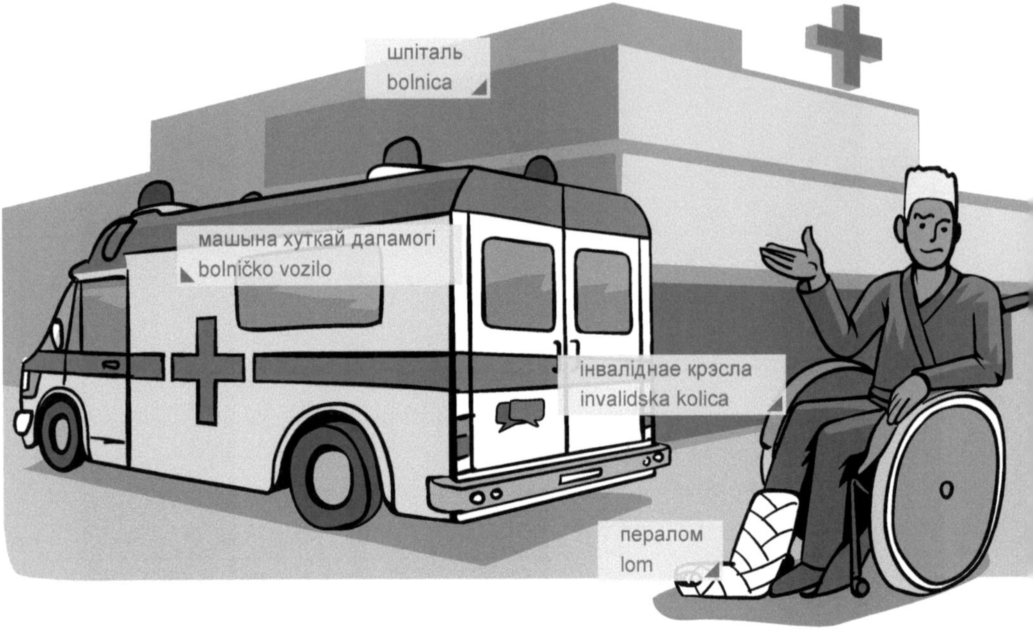

шпіталь
bolnica
машына хуткай дапамогі
bolničko vozilo
інваліднае крэсла
invalidska kolica
пералом
lom

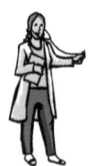

доктар

liječnik

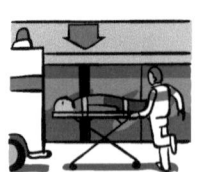

аддзяленне першай дапамогі

hitna medicinska služba

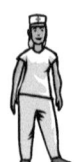

медсястра

medicinska sestra

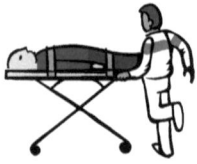

экстраная дапамога

hitni slučaj

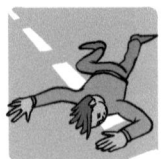

непрытомны

nesvijest

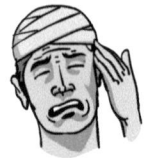

боль

bol

траўма

ozljeda

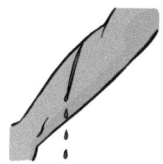

крывацёк

krvarenje

інфаркт

srćani infarkt

апаплексія

moždani udar

алергія

alergija

кашаль

kašalj

гарачка

groznica

грып

gripa

панос

proljev

галаўны боль

glavobolja

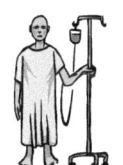

рак

rak

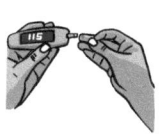

дыябет

dijabetes

хірург

kirurg

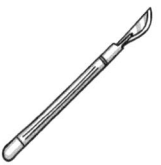

скальпель

skalpel

аперацыя

operacija

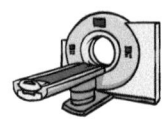

КТ

ct

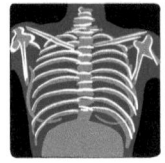

рэнтген

rentgen

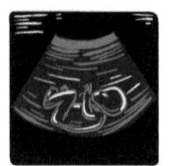

ультрагук

ultrazvuk

маска

maska

хвароба

bolest

пачакальня

čekaonica

мыліца

štaka

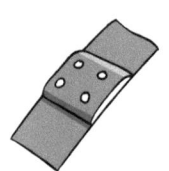

пластыр

flaster

бінт

zavoj

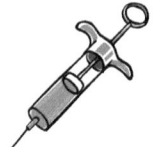

ін'екцыя

injekcija

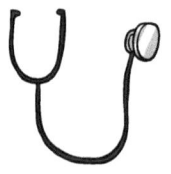

стэтаскоп

stetoskop

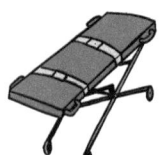

насілкі

nosilo

градуснік

termometar

нараджэнне

rođenje

лішняя вага

prekomjerna težina

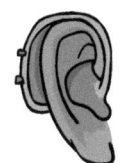

слухавы апарат

slušni aparat

дэзінфекцыйны сродак

sredstvo za dezinfekciju

інфекцыя

infekcija

вірус

virus

ВІЧ/СНІД

hiv / sida

лекі

medicina

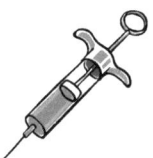

прышчэпка

vakcinacija

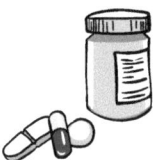

таблеткі

tablete

супрацьзачаткавая
таблетка

pilula

экстраны выклік

poziv u pomoć

танометр

uređaj za mjerenje tlaka

хворы / здаровы

bolesno / zdravo

Ратуйце!

pomoć!

сігналізацыя

alarm

напад

nasrtaj

атака

napad

небяспека

opasnost

аварыйны выхад

izlaz za nuždu

Пажар!

požar!

вогнетушыцель

vatrogasni aparat

аварыя

nezgoda

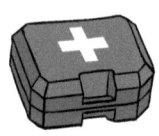

аптэчка

kofer prve pomoći

СОС

sos

паліцыя

policija

Еўропа

Europa

Паўночная Амерыка

sjeverna amerika

Паўднёвая Амерыка

južna amerika

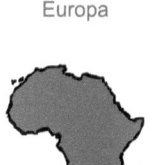

Афрыка

Afrika

Азія

Azija

Аўстралія

Australija

Атлантычны акіян

Atlantik

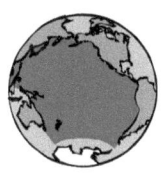

Ціхі акіян

Pacifik

Індыйскі акіян

ocean

Паўднёвы ледавіты акіян

antarktički ocean

Паўночны ледавіты акіян

arktički ocean

Паўночны полюс

sjeverni pol

Паўднёвы полюс

južni pol

Антарктыда

Antarktik

Зямля

zemlja

краіна

zemlja

мора

more

востраў

otok

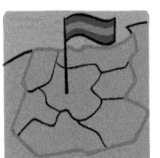

нацыя

nacija

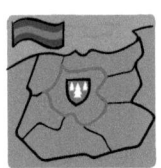

дзяржава

država

цыферблат

brojčanik sata

гадзінная стрэлка

satna kazaljka

хвілінная стрэлка

minutna kazaljka

секундная стрэлка

sekundna kazaljka

Колькі часу?

Koliko je sati?

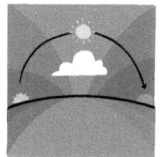

дзень

dan

час

vrijeme

зараз

sada

электронны гадзіннік

digitalni sat

хвіліна

minuta

гадзіна

sat

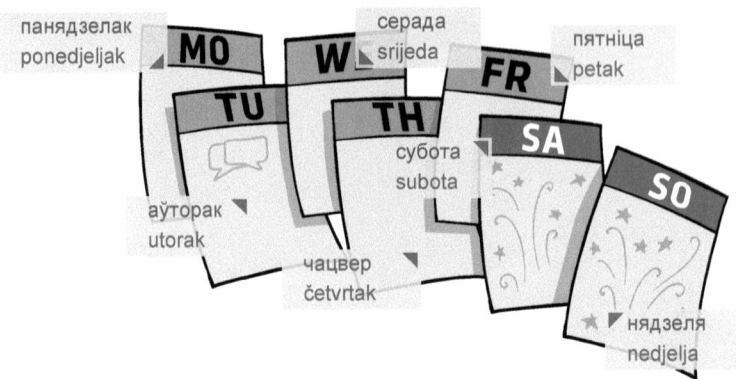

панядзелак
ponedjeljak

MO

W серада
srijeda

TU

TH

FR пятніца
petak

SA

SO

аўторак
utorak

субота
subota

чацвер
četvrtak

нядзеля
nedjelja

ўчора

jučer

сёння

danas

заўтра

sutra

раніца

jutro

абед

podne

вечар

večer

MO	TU	WE	TH	FR	SA	SU
1	2	3	4	5	6	7
8	9	10	11	12	13	14
15	16	17	18	19	20	21
22	23	24	25	26	27	28
29	30	31	1	2	3	4

працоўныя дні

radni dani

MO	TU	WE	TH	FR	SA	SU
1	2	3	4	5	6	7
8	9	10	11	12	13	14
15	16	17	18	19	20	21
22	23	24	25	26	27	28
29	30	31	1	2	3	4

выхадныя

vikend

год
godina

дождж
kiša
вясёлка
duga
вецер
vjetar
снег
snijeg
вясна
proljeće
восень
jesen
лета
ljeto
зіма
zima

4.APRIL 11°
5.APRIL 4°
6.APRIL 13°
7.APRIL 8°
8.APRIL 10°

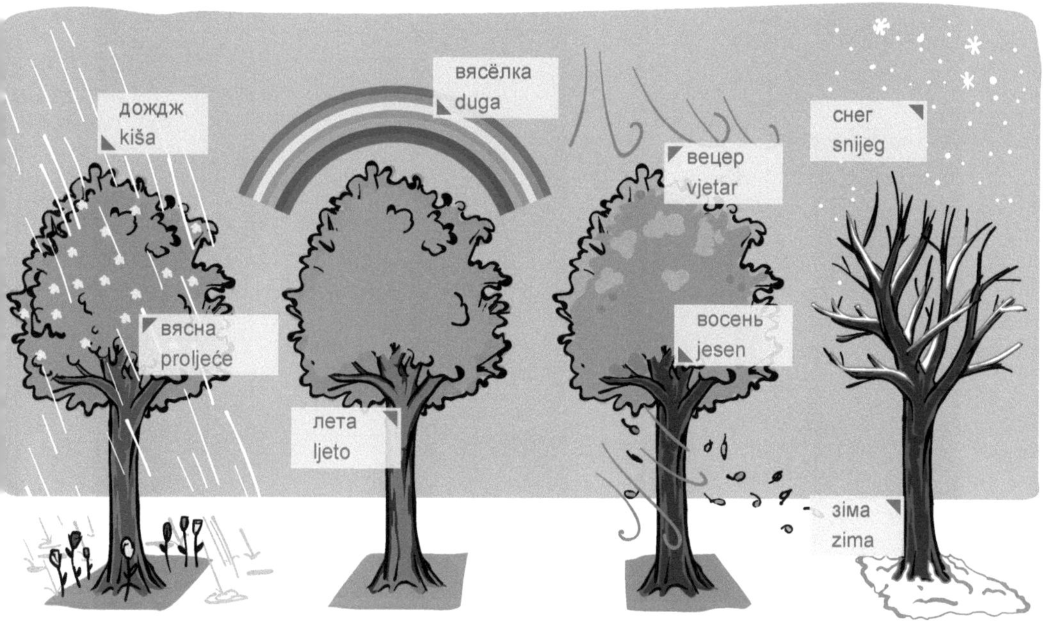

прагноз надвор'я

meteorološka prognoza

F C
120 90 60 30 0 -30
40 30 20 10 0 -10 -20

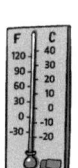

градуснік

termometar

сонечнае святло

sunčana svjetlost

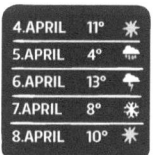

воблака

oblak

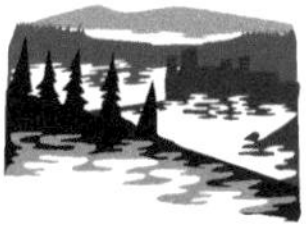

туман

magla

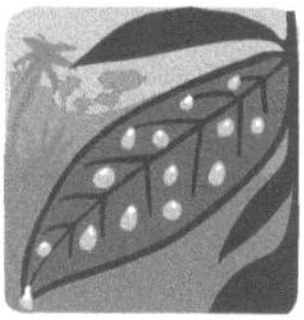

вільготнасць паветра

vlažnost zraka

маланка

munja

гром

grmljavina

бура

oluja

град

tuča

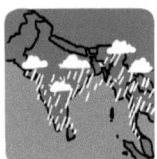

мусонны вецер

monsun

прыліў

poplava

лёд

led

студзень

siječanj

люты

veljača

сакавік

ožujak

красавік

travanj

май

svibanj

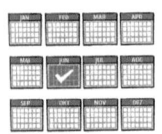

чэрвень

lipanj

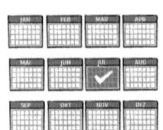

ліпень

srpanj

жнівень

kolovoz

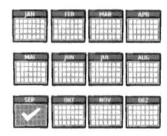

верасень

rujan

кастрычнік

listopad

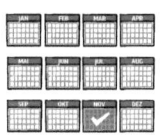

лістапад

studeni

снежань

prosinac

формы
oblici

круг

krug

квадрат

kvadrat

прамавугольнік

pravokutnik

трохвугольнік

trokut

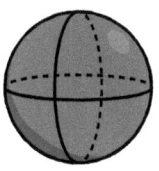

шар

kugla

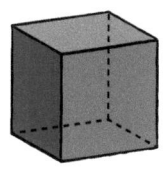

куб

kocka

белы

bijela

жоўты

žuta

аранжавы

narančasta

ружовы

ružičasta

чырвоны

crvena

фіялетавы

ljubičasta

сіні

plava

зялёны

zelena

карычневы

smeđa

шэры

siva

чорны

crna

шмат / мала

mnogo / malo

злы / добры

ljutito / mirno

прыгожы / брыдкі

lijepo / ružno

пачатак / канец

početak / kraj

высокі / малы

veliko / maleno

светлы / цёмны

svijetlo / tamno

сястра / брат

brat / sestra

чысты / брудны

čisto / prljavo

поўны / няпоўны

potpuno / nepotpuno

дзень / ноч

dan / noć

мёртвы / жывы

mrtvo / živo

шырокі / вузкі

široko / usko

ядомы / неядомы

jestivo / nejestivo

злы / добры

zlo / dobro

узбуджаны / нудны

uzbuđeno / dosadno

тоўсты / тонкі

debelo / mršavo

першы / апошні

na početku / na kraju

сябар / вораг

prijatelj / neprijatelj

поўны / пусты

puno / prazno

цвёрды / мяккі

tvrdo / mekano

важкі / лёгкі

teško / lagano

голад / смага

glad / žeđ

хворы / здаровы

bolesno / zdravo

нелегальны / легальны

ilegalno / legalno

разумны / дурны

pametno / glupo

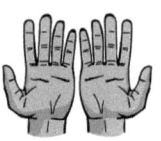

левы / правы

lijevo / desno

побач / далёка

blizu / daleko

новы / былы ва ўжыванні

novo / rabljeno

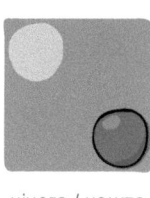

нічога / нешта

ništa / nešto

стары / малады

staro / mlado

укл / выкл

uključeno / isključeno

адчынены / зачынены

otvoreno / zatvoreno

ціхі / гучны

tiho / glasno

багаты / бедны

bogato / siromašno

правільна / няправільна

točno / pogrešno

шурпаты / гладкі

hrapavo / glatko

сумны / шчаслівы

tužno / sretno

кароткі / доўгі

kratko / dugo

павольны / хуткі

polako / brzo

вільготны / сухі

mokro / suho

цёплы / халаднаваты

toplo / hladno

вайна / мір

rat / mir

0

нуль

nula

1

адзін

jedan

2

два

dva

3

тры

tri

4

чатыры

četiri

5

пяць

pet

6

шэсць

šest

7

сем

sedam

8

восем

osam

9

дзевяць

devet

10

дзесяць

deset

11

адзінаццаць

jedanaest

12

дванаццаць

dvanaest

13

трынаццаць

trinaest

14

чатырнаццаць

četrnaest

15

пятнаццаць

petnaest

16

шаснаццаць

šestnaest

17

сямнаццаць

sedamnaest

18

васямнаццаць

osamnaest

19

дзевятнаццаць

devetnaest

20

дваццаць

dvadeset

100

сто

stotinu

1.000

тысяча

tisuću

1.000.000

мільён

milijun

англійская

engleski

англійская (Амерыка)

američko engleski

кітайская мандарынская

kinesko mandarinski

хіндзі

hindi

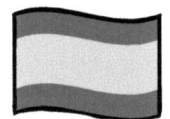

іспанская

španjolski

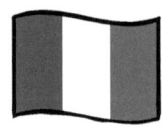

французская

francuski

арабская

arapski

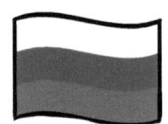

руская

ruski

партугальская

portugalski

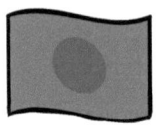

бенгальская

bengalski

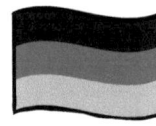

нямецкая

njemački

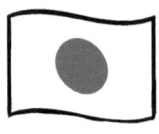

японская

japanski

я

ja

ты

ti

ён / яна / яно

on / ona / ono

мы

mi

вы

vi

яны

oni

хто?

tko?

што?

što?

як?

kako?

дзе?

gdje?

калі?

kada?

імя

ime

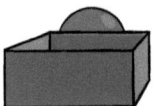

за
iza

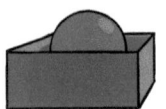

у
u

перад
ispred

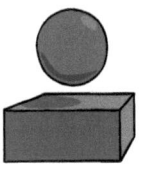

над
preko

на
na

пад
ispod

каля
pored

паміж
između

месца
mjesto